Receitas para prevenir a Osteoporose

A Marco Zero tem como objetivo publicar obras com qualidade
editorial e gráfica, consistência de informações, confiabilidade de tradução,
clareza de texto, e impressão, acabamento e papel adequados.
Para que você, nosso leitor, possa expressar suas sugestões, dúvidas, críticas
e eventuais reclamações, a Marco Zero mantém aberto um canal de comunicação.

Entre em contato com:
CENTRAL DE ATENDIMENTO AO CONSUMIDOR
Rua Pedroso Alvarenga, 1046 – 9º andar – 04531-004 – São Paulo – SP
Fone: (11) 3706-1466 – Fax: (11) 3706-1462
www.editoramarcozero.com.br
E-mail: marcozero@editoramarcozero.com.br

Margarida Valenzi

Receitas para prevenir a
Osteoporose

MARCO ZERO

© 2004 Margarida Valenzi
Direitos desta edição reservados à
AMPUB Comercial Ltda.
(Marco Zero é um selo editorial da AMPUB Comercial Ltda.)
Rua Pedroso Alvarenga, 1046 – 9º andar – 04531-004 – São Paulo – SP
Fone: (11) 3706-1466 – Fax: (11) 3706-1462
www.editoramarcozero.com.br
E-mail: marcozero@editoramarcozero.com.br

Coordenação editorial: Elvira Castañon
Ilustração: Yes Cabrita Estúdio
Composição: Heloisa Avilez
Revisão: Flávia Portellada e Rosamaria Affonso
Capa: Vivian Valli
Impressão: PROL Editora Gráfica Ltda.
Publicado em 2005

Dados Internacionais de Catalogação na Publicação (CIP)
(Câmara Brasileira do Livro, SP, Brasil)

Valenzi, Margarida
Receitas para prevenir a osteoporose / Margarida Valenzi. – São Paulo : Marco Zero, 2004.

ISBN 85-279-0366-0

1. Alimentos – Conteúdo de cálcio   2. Cálcio no corpo   3. Cálcio na nutrição humana   4. Dietas ricas em cálcio – Receitas   5. Osteoporose – Prevenção   6. Vitamina D – Deficiência   I. Título.

04-5142   CDD-641.5631

Índices para catálogo sistemático:
1. Osteoporose : Prevenção : Receitas : Culinária   641.5631
2. Receitas para prevenção da osteoporose : Culinária   641.5631

É PROIBIDA A REPRODUÇÃO

Nenhuma parte desta obra poderá ser reproduzida, copiada, transcrita ou mesmo transmitida por meios eletrônicos ou gravações, sem a permissão, por escrito, do editor. Os infratores serão punidos pela Lei nº 9.610/98.

Impresso no Brasil / *Printed in Brazil*

Sumário

Prefácio	9
Apresentação	
Alimentos que fortalecem os ossos	9
A necessidade de cálcio no organismo	10
O que deve ser evitado	10
O que ajuda a combater a osteoporose	11
Ossos fortes em todas as fases da vida	12
Entenda os símbolos usados nas receitas	12
Almoço e jantar para 30 dias	15

Salgados e lanches

Coxinha de mandioca	20
Coxinha ao creme	21
Coxinha de salmão	22
Bolinha aos 4 queijos	23
Rissoles de queijo	24
Pão de tomate seco	25
Patê mineiro	26

Acompanhamentos

Couve-flor gratinada	28
Batatas ao forno	28
Gratinado de batatas	29
Pudim de cenoura	29
Torta de liquidificador	30
Gratinado fantasia	31
Bolo de brócolos	32
Vagem cremosa	33
Torta de cogumelos	34
Suflê de couve-flor	35
Suflê de brócolos	35
Musse de cenoura	36
Farofa rica de nozes	37
Salada de grão-de-bico	38
Torta de ervilha	39
Surpresa de batata	40
Batata-doce gratinada	41
Bolo de legumes	42
Erva-doce gratinada	43
Capelete aos 4 queijos	44
Crepe de camarão	45
Penne ao molho verde	46
Crepes do mar aos 3 queijos	47
Capelete cremoso	48
Nhoque de abóbora	49
Lasanha aos 5 queijos	50
Nhoque ao pomodoro	51
Creme de cebola	52
Molho aos 4 queijos	53
Molho de cogumelos	53
Molho branco	54
Molho parisiense	54
Molho de alho-poró	55
Molho de mostarda	55
Filé de linguado gratinado	56
Camarão ao molho branco	57
Sardinha ao sal grosso	57
Camarão na moranga	58
Bacalhau refogado	59
Creme de aspargos com camarão	60
Carolinas recheadas com sardinha	61
Sardinha em conserva	62
Sardinha à escabeche	63
Rolê de frango com peru e queijo	64
Gratinado de frango	65
Crepes de peru com *cheddar*	66
Enrolado de frango	67
Peito de frango com queijo	68

Doces e sobremesas

Bolo de morango	70
Cheesecake cremoso	71
Bolo de fubá recheado com requeijão	72
Pudim sensação	73
Bolo rápido de coco	73
Bolo de iogurte	74
Musse de manga	75
Pão de abóbora	76
Cheesecake de framboesa	77
Charlote de figo	78
Arroz-doce com creme de laranja	79
Coalhada caseira	79

Receitas (em ordem afabética)

Arroz-doce com creme de laranja	79	Gratinado de frango	65
Bacalhau refogado	59	Gratinado fantasia	31
Batata-doce gratinada	41	Lasanha aos 5 queijos	50
Batatas ao forno	28	Molho aos 4 queijos	53
Bolinha aos 4 queijos	23	Molho branco	54
Bolo de brócolos	32	Molho de alho-poró	55
Bolo de fubá recheado com requeijão	72	Molho de cogumelos	53
Bolo de iogurte	74	Molho de mostarda	55
Bolo de legumes	42	Molho parisiense	54
Bolo de morango	70	Musse de cenoura	36
Bolo rápido de coco	73	Musse de manga	75
Camarão ao molho branco	57	Nhoque ao pomodoro	51
Camarão na moranga	58	Nhoque de abóbora	49
Capelete aos 4 queijos	44	Pão de abóbora	76
Capelete cremoso	48	Pão de tomate seco	25
Carolinas recheadas com sardinha	61	Patê mineiro	26
Charlote de figo	78	Peito de frango com queijo	68
Cheesecake cremoso	71	Penne ao molho verde	46
Cheesecake de framboesa	77	Pudim de cenoura	29
Coalhada caseira	79	Pudim sensação	73
Couve-flor gratinada	28	Rissoles de queijo	24
Coxinha ao creme	21	Rolê de frango com peru e queijo	64
Coxinha de mandioca	20	Salada de grão-de-bico	38
Coxinha de salmão	22	Sardinha à escabeche	63
Creme de aspargos com camarão	60	Sardinha ao sal grosso	57
Creme de cebola	52	Sardinha em conserva	62
Crepe de camarão	45	Suflê de brócolos	35
Crepes de peru com cheddar	66	Suflê de couve-flor	35
Crepes do mar aos 3 queijos	47	Surpresa de batata	40
Enrolado de frango	67	Torta de cogumelos	34
Erva-doce gratinada	43	Torta de ervilha	39
Farofa rica de nozes	37	Torta de liquidificador	30
Filé de linguado gratinado	56	Vagem cremosa	33
Gratinado de batatas	29		

Prefácio

Quando tomei conhecimento da obra de Margarida Valenzi, pensei comigo mesmo: "É a pessoa ideal para publicar um livro com pratos saborosos que ajudem a fortalecer os ossos". Não bastava, porém, incluir receitas de alimentos ricos em cálcio; era preciso levar em conta uma série de outros fatores, geralmente negligenciados em obras do gênero. Muitos alimentos, apesar de apresentar em sua composição teores elevados de cálcio, também contêm substâncias que dificultam a absorção desse mineral. É o caso, por exemplo, dos filatos (encontrados nos grãos e nos cereais crus) e oxalatos (presentes no espinafre, na beterraba e no chocolate). Da mesma forma, a cafeína (presente no guaraná, no café comum, no chá preto e no mate, e nos refrigerantes) e o fósforo (encontrado nos alimentos embutidos, enlatados, engarrafados e congelados industriais) fazem o organismo perder cálcio. Uma dieta com excesso de proteínas, fibras, sal e gorduras também pode comprometer a absorção do cálcio. Em razão dessas particularidades, o livro de Margarida Valenzi pode ser considerado um verdadeiro marco na história das publicações especializadas. Com o aumento da expectativa de vida, os casos de osteoporose vêm acometendo um número cada vez maior de pessoas, especialmente mulheres após a menopausa e idosos de ambos os sexos. Infelizmente ainda não temos como interagir nos fatores genéticos responsáveis por grande parte dos casos dessa enfermidade. Todavia, sabemos que o estilo de vida, no qual o alimento exerce um papel preponderante, contribui para a formação e a manutenção de um esqueleto saudável. Hoje em dia, sabemos que o cálcio dos alimentos não é suficiente para manter a resistência do esqueleto. Daí o aumento dos casos de osteoporose, considerado pela Organização Mundial de Saúde como "a epidemia do século XXI". Em função desse conhecimento, recomenda-se às mulheres a ingestão de alimentos que contêm bastante cálcio, associada à suplementação contínua do mineral, principalmente durante a adolescência, a gravidez, a lactação e a pós-menopausa. Para que o cálcio dos alimentos e suplementos possa ser absorvido, é indispensável a presença da vitamina D, produzida pelo próprio organismo a partir da exposição da epiderme aos raios ultravioleta do sol. Quem não pode ou não quer apanhar sol deve ingerir alimentos ricos nessa vitamina, encontrada principalmente na manteiga e na gema do ovo, que figuram em muitas receitas do livro. Depois de absorvido, o cálcio precisa ser fixado aos ossos, o que ocorre quando são praticadas atividades físicas em que os pés tocam o solo como na caminhada, na ginástica ou na dança. Desejo aos leitores dessa preciosa publicação meus sinceros votos de bom apetite e muita saúde, que é o que todos nós almejamos.

Nelson Menda
Médico idealizador da Campanha de Combate à Osteoporose

Apresentação

Descobrir parcerias tem sido uma constância menor do que gostaríamos em se tratando de um assunto tão importante quanto a osteoporose. Esta obra é uma aliada de valor inestimável. Melhor do que o tratamento, a prevenção tem um papel fundamental para enfrentar essa malfadada patologia. Nesta época de transformação de nossos hábitos alimentares, em que crianças e adultos vêm trocando o leite pelos refrigerantes e as verduras pelas gorduras dos sanduíches, sem falar do álcool, que elimina muito de nossas reservas de cálcio, o ensino da alimentação correta tem um valor tão ou mais importante do que a própria descoberta de poderosos medicamentos utilizados no tratamento das complicações da osteoporose. O cálcio e a vitamina D são a chave para manter um esqueleto saudável. Nos alimentos ou nos suplementos, devem fazer parte obrigatória de nossa rotina nutricional. O Comitê de Osteoporose e Doenças Osteometabólicas da Sociedade Brasileira de Ortopedia e Traumatologia sente-se feliz com a chegada deste livro que vai ser de grande utilidade para a nossa população.

Edson Cerqueira Garcia de Freitas
Presidente do Comitê de Osteoporose e Doenças Osteometabólicas
da Sociedade Brasileira de Ortopedia e Traumatologia

Alimentos que fortalecem os ossos

A perda óssea, que tem início na vida adulta e continua durante a velhice, é um processo fisiológico. A osteoporose ocorre quando essa perda óssea ultrapassa 25% e o esqueleto pode sofrer fraturas por traumas mínimos.

A osteoporose é um problema heterogêneo com várias causas como, por exemplo, herança familiar, menopausa precoce, conseqüência de determinadas enfermidades ou medicamentos, e maus hábitos alimentares.

As estatísticas indicam que as mulheres têm mais tendência a apresentarem osteoporose do que os homens, embora com o envelhecimento todas as pessoas percam massa óssea. Hoje, um número considerável de brasileiros sofre de osteoporose. Uma das maneiras de preveni-la e auxiliar no seu tratamento é a prática de uma alimentação correta, o que nos levou a escrever este livro. É possível prevenir e tratar a osteoporose com uma suplementação adequada de cálcio. Além das fraturas, a osteoporose pode provocar dores e deformidades na coluna vertebral.

Os ossos precisam de cálcio para se manterem fortes e resistentes. Como o organismo não fabrica cálcio, este deve ser recebido por meio dos alimentos.

Os alimentos ricos em cálcio são o leite e seus derivados, as verduras escuras, os peixes e frutos do mar, e as frutas secas.

Leite e derivados: um copo de leite contém 300 miligramas de cálcio. É recomendado o consumo de dois a três copos ao dia. O leite desnatado é o mais indicado, pois contém a mesma quantidade de cálcio e não engorda. Os queijos amarelos e duros são mais ricos em cálcio do que os brancos e os cremosos. A coalhada caseira é a campeã de cálcio; cada 100 gramas contêm 500 miligramas de cálcio.

Verduras escuras: são recomendadas as verduras com coloração verde-escuro como acelga, agrião, bertalha, brócolos, caruru, couve-flor, couve-manteiga, rúcula, salsa e taioba. É sempre conveniente consumir as verduras bem lavadas e cruas, pois elas contêm muito mais cálcio do que as cozidas.

Peixes e frutos do mar: os peixes do mar são ricos em cálcio, principalmente os pequenos, preparados com as espinhas; por isso, recomendamos substituir a carne vermelha por pratos com peixe. Por exemplo: 100 gramas de merluza ou de siri equivalem a 200 miligramas de cálcio; 100 gramas de sardinha fornecem ao organismo 400 miligramas de cálcio. São quantidades bem grandes, que auxiliam bastante a formação óssea.

Frutas secas: as frutas secas contêm muito mais cálcio do que as frutas frescas; por isso, recomenda-se que as pessoas que gostam de ler ou assistir à televisão beliscando alguma coisa o façam com passas de uva, figos, ameixas ou damascos. Essa recomendação é válida para qualquer pessoa. Para quem não tem problemas de colesterol elevado, indicamos amêndoas, avelãs, castanhas-do-pará e nozes.

A necessidade de cálcio no organismo

Homens e mulheres até os 45 anos: 800 miligramas ao dia.

Homens acima de 45 anos, desportistas de qualquer idade, gestantes e lactantes: 1.200 miligramas ao dia.

Mulheres após os 45 anos: 1.600 miligramas ao dia.

Nós utilizamos ovos e manteiga nas receitas, mas as pessoas com colesterol elevado devem substituir a manteiga pela margarina. As gemas e a manteiga contêm muita vitamina D, e essa vitamina é a companheira ideal do cálcio, pois sem ela o mineral não consegue ser absorvido pelo organismo.

O que deve ser evitado

Comidas industrializadas, café, chá-mate e preto (que devem ser substituídos por chás de camomila, erva-doce, erva-cidreira, hortelã, e as infusões descafeinadas). Procure verificar nas embalagens se o chá que pretende utilizar contém cafeína, ou se é descafeinado. Chimarrão é altamente cafeinado, portanto, deve ser evitado; refrigerantes comuns e diet, principalmente as colas, têm muita cafeína, portanto, devem ser substituídos por sucos de frutas preparados em casa. Os refrigerantes diet têm muito mais cafeína dos que os normais, devendo ser evitados.

O mais interessante é matar a sede tomando bastante água, leite e sucos de frutas naturais, principalmente as cítricas como laranja, lima, tangerina e limão, que contêm um pouco mais de cálcio que as outras; álcool e cigarro excessivos são fatores de risco para o desenvolvimento da osteoporose.

O que ajuda a combater a osteoporose

Alimentação e suplementação de cálcio, atividades físicas adequadas e exposição da pele aos primeiros e aos últimos raios de sol do dia.

Tabela dos valores de cálcio nos alimentos

ALIMENTO (100 g)	CÁLCIO	ALIMENTO (100 g)	CÁLCIO	ALIMENTO (100 g)	CÁLCIO
Abóbora (brotos)	149	Cebola crua	32	Leite de búfala	203
Agrião	168	Cebolinha branca	69	Leite de cabra	200
Alfafa	525	Cenoura amarela crua	56	Leite de vaca desnatado	124
Alho-poró	60	Chocolate com leite	104	Língua de boi crua	65
Ameixa seca	62	Chocolate em pó	93	Linguado cru	113
Amêndoa tropical	487	Chuchu, brotos	52	Lula crua	42
Aveia de preparo instantâneo	392	Coalhada	490	Manjuba crua	279
Azeitona verde, parte comestível	122	Coentro	110	Marisco	52
Banana maçã	30	Cominho em pó	1098	Mexilhão cru	88
Banana prata frita	29	Coração de galinha	23	Palmito cru	86
Batata-baroa ou mandioquinha	45	Couve chinesa	345	Namorado cru	252
Batata-doce amarela frita	45	Couve-de-bruxelas, brotos cozidos	122	Pescada branca	62
Bertalha	106	Couve manteiga	330	Salmão americano em conserva	66
Biscoito salgado	49	Creme de leite gordo	86	Sardinha crua	195
Bolo de tapioca	42	Creme de leite magro	97	Perdiz, carne crua	32
Brócolos – flores cruas	400	Creme chantili caseiro	50	Queijo *cheddar* americano	810
Bucho de boi	92	Curry	90	Queijo-de-minas	685
Caju	50	Damasco dessecado	71	Queijo *ementhal* suíço	1100
Camarão cru	96	Doce de feijão	56	Queijo gorgonzola francês	1080
Camarão seco industrial	164	Doce de leite	176	Queijo *gruyère* francês	1200
Canela em casca	1076	Enchova cozida	173	Queijo parmesão	1357
Carambola	30	Ervilha seca inteira	73	Queijo prato	925
Carne de faisão	49	Feijão branco, graúdo cru	187	Queijo *roquefort*	727
Carne de frango grelhado	24	Figo verde	68	Queijo suíço	1086
Carne de perdiz assada	46	Gergelim, sementes	417	Rabanete	138
Carne de vitela sem osso	103	Grão-de-bico cru	109	Salsa	195
Castanha-do-pará	172	Iogurte	120	Sardinha crua	88
Caviar americano	137	Lagosta cozida	76	Siri, carne	107

Ossos fortes em todas as fases da vida

- O organismo humano não fabrica cálcio, que precisa ser fornecido por intermédio dos alimentos, suplementos e medicamentos.

- O cálcio é o mineral mais importante para o corpo humano.

- Sem cálcio, o coração não pulsa, os músculos não se contraem e o sangue não coagula.

- O leite e seus derivados são os alimentos mais ricos em cálcio.

- Os antiácidos à base de alumínio reduzem a absorção do cálcio pelo organismo.

- Carne vermelha, excesso de sal e muita gordura interferem no aproveitamento do cálcio alimentar.

- Quem quer ter ossos e dentes fortes e resistentes deve evitar o excesso de cafeína, nicotina e álcool.

- É melhor utilizar alimentos naturais do que enlatados, engarrafados, congelados ou embutidos.

- Para que o cálcio seja fixado aos ossos, é imprescindível a prática de atividades físicas de impacto, em que os pés toquem no solo.

- A densitometria óssea é o exame que permite ao médico avaliar com precisão a quantidade de cálcio dos ossos.

- Quem tem ascendentes familiares com osteoporose deve ficar atento, pois a enfermidade apresenta um forte componente hereditário.

- A osteoporose não é mais um bicho-de-sete-cabeças; pode ser prevenida, diagnosticada e tratada.

- O cálcio e a vitamina D atuam em conjunto, ele fortalecendo os ossos e ela participando da absorção do mineral pelo corpo humano.

- A vitamina D é a única que pode ser produzida pelo próprio organismo, por meio da exposição da pele aos raios ultravioleta do sol.

- Os protetores solares impedem que a pele produza vitamina D.

- A queda brusca na produção de hormônios femininos é uma das causas da incidência elevada de osteoporose entre as mulheres.

- É mais fácil para o organismo perder do que ganhar cálcio.

- As dietas radicais de emagrecimento devem ser evitadas, pois junto com a gordura o organismo também perde cálcio. A gordura vai e volta. O cálcio vai e não volta.

- Após os 45 anos, especialmente entre as mulheres, tem início uma perda acelerada de cálcio. É a fase em que a suplementação de cálcio é mais indicada.

- Alguns medicamentos podem interferir negativamente na absorção de cálcio. Se você utiliza algum, converse com seu médico.

- Os três cuidados principais no combate à osteoporose são: alimentação balanceada e rica em cálcio, exposição da pele ao sol, e atividade física.

- Peixes pequenos, como as sardinhas, preparadas e ingeridas com as espinhas, representam uma grande fonte alimentar de cálcio.

- As verduras de coloração verde-escuro contêm mais cálcio do que as de cor clara.

- As folhas da couve-flor, geralmente desprezadas, são mais ricas em cálcio do que suas flores.

- As verduras cruas, bem lavadas, contêm mais cálcio do que as cozidas.

- Quanto mais rijos e amarelos, mais ricos são os queijos em cálcio. Lembre que esses mesmos queijos contêm mais gordura.

- O cálcio do leite magro ou desnatado é mais bem aproveitado pelo organismo do que o do leite gordo ou integral.

- A coalhada é a campeã em cálcio entre os derivados do leite.

- Fique tranqüila: o cálcio não engorda!

- Obedecendo à risca as recomendações médicas e tomando as devidas precauções para evitar quedas, é possível curtir com muita saúde a fase mais bonita da vida!

Entenda os símbolos usados nas receitas

Tempo de preparo — Grau de dificuldade — Rendimento — Calorias — Cálcio

Almoço e jantar para 30 dias

Cardápio:
primeira semana

	Segunda-feira	Terça-feira	Quarta-feira	Quinta-feira	Sexta-feira	Sábado	Domingo
Almoço	Salada de agrião Enrolado de frango Arroz Torta de ervilhas Melancia	Vagem cremosa Arroz branco Filé de linguado gratinado Abacaxi	Salada de grão-de-bico ao molho de iogurte Nhoque de abóbora Manga	Salada de acelga com tomate e cebola Suflê de brócolos Filé de merluza ao molho branco Tangerina	Salada de agrião Gratinado de frango Arroz Feijão Mamão	Salada de couve Musse de cenoura Arroz Crepe de camarão Maçãs	Salada de folhas verdes com palmito Lasanha aos 5 queijos Charlote de figo
Jantar	Salada de acelga Penne ao molho verde Suco de melancia Arroz-doce com creme de laranja	Salada de alface americana Arroz Crepes de peru e cheddar Suco de laranja Doce de leite	Couve-flor gratinada Arroz Rolê de frango com peru e queijo Suco de lima Pudim sensação	Creme de cebola Capelete cremoso Suco de melão Bolo de fubá com requeijão	Capelete aos quatro queijos Suco de limão Musse de manga	Salada de rúcula com tomate e cebola Sardinhas em conserva Pães Suco de tangerina Bolo de iogurte	Salada de legumes cozidos com molho de mostarda Coxinhas de salmão Suco de abacaxi

Cardápio: segunda semana

	Segunda-feira	Terça-feira	Quarta-feira	Quinta-feira	Sexta-feira	Sábado	Domingo
Almoço	Surpresa de batata Peito de frango com queijo Arroz Feijão Peras	Bolo de brócolos Espaguete ao molho quatro queijos Uvas	Salada de agrião Erva doce gratinada Nhoque ao pomodoro Abacaxi	Batatas ao forno Crepes com recheio de carne de siri ao molho branco Arroz Maçãs	Pudim de cenoura Enrolado de frango com molho de mostarda Arroz Manga	Gratinado fantasia Creme de aspargos com camarão Arroz Feijão Mamão	Salada de legumes cozidos Camarões na moranga Arroz *Cheesecake* de framboesas
Jantar	Torta de cogumelos Bacalhau refogado Arroz Suco de melancia Bolo rápido de coco	Salada de folhas verdes Crepes do mar aos 3 queijos Arroz Suco de laranja com manga *Cheesecake* cremoso	Sopa de iogurte Filé de merluza com molho de cogumelos Arroz com milho e ervilha Suco de limão Pudim sensação	Suflê de couve-flor Espaguete ao molho de alho-poró Suco de goiaba Bolo de morango	Gratinado de batata com creme de leite Filé de linguado Arroz Suco de açaí Pudim de leite de coco	Coxinhas de mandioca Pão de abóbora Suco de acerola com laranja Sorvete de creme	Bolinha aos 4 queijos Rissoles de queijo Pão de tomate seco Patê mineiro Suco de abacaxi com leite

Cardápio:
terceira semana

	Segunda-feira	Terça-feira	Quarta-feira	Quinta-feira	Sexta-feira	Sábado	Domingo
Almoço	Almoço Vagem cremosa Crepes de peru e *cheddar* Arroz Kiwi	Batata doce gratinada Enrolado de frango com molho quatro queijos Arroz Goiaba	Bolo de bró-colos Sardinha de forno com molho branco Arroz Feijão Uvas rosadas	Salada de alface americana com molho de iogurte Peito de frango com molho de cogumelos Arroz Farofa rica de nozes Mamão	Musse de cenoura Filé de linguado com molho de cogumelos Arroz Tangerina	Salada de grão-de-bico Peito de frango ao molho de cogumelos Arroz Gratinado fantasia Melão	Erva-doce gratinada Camarões na moranga Arroz Charlote de figo
Jantar	Sopa de cebola Suflê de couve-flor Filé de linguado com molho de cogumelos Suco de abacaxi com erva-doce Doce de leite	Pudim de cenoura Camarões ao molho branco Arroz Suco de lima	Salada de tomate com cebola Capelete cremoso Pão de abóbora Suco de laranja e manga Arroz doce ao creme de laranja	Canja Crepes do Mar aos 3 queijos Arroz Suco de maracujá *Cheesecake* cremoso	Salada de rúcula com tomate Torta de liquidificador Arroz Suco de laranja com limão Bolo de fubá com requeijão	Maionese de legumes Carolinas com recheio de sardinha Suco de goiaba Bolo de morango	Salada de folhas verdes Coxinhas ao creme Suco de açaí Bolo rápido de coco

Cardápio:
quarta semana

	Segunda-feira	Terça-feira	Quarta-feira	Quinta-feira	Sexta-feira	Sábado	Domingo
Almoço	Vagem cremosa Rolê de frango com peru e queijo Arroz Feijão Morangos	Batatas ao forno Filé de linguado gratinado Arroz Feijão Melão	Bolo de brócolos Enrolado de frango Arroz Mamão	Bolo de legumes Arroz Feijão Melancia	Gratinado fantasia Filé de merluza ao molho de mostarda Arroz Goiaba	Salada de brócolos Capelete aos 4 queijos Carambola	Bolo de legumes Lasanha aos 5 queijos Arroz Bolo de morango
Jantar	Torta de ervilhas Arroz Sardinhas em conserva Suco de acerola com laranja Bolo de fubá	Suflê de couve-flor Nhoque ao pomodoro Suco de tangerina Caju	Salada de couve Creme de aspargos com camarão Arroz com ervilhas Suco de manga com laranja Musse de manga	Cenoura cremosa (receita da vagem cremosa) Bacalhau refogado Arroz Suco de abacaxi *Cheesecake* cremoso	Sopa de iogurte Crepes com recheio de frango desfiado e molho de cogumelos Arroz Suco de lima com laranja Musse de manga	Salada de agrião com tomate Sardinha à escabeche Pães diversos Suco de laranja Pudim sensação	Musse de cenoura Coxinhas ao creme Suco de maracujá com abacaxi

Salgados e lanches

Coxinha de mandioca

Massa
- 4 colheres (sopa) de manteiga
- caldo de galinha (suficiente)
- 1 litro de leite
- 1 ½ kg de mandioca cozida e espremida
- 3 xícaras (chá) de farinha de trigo
- 2 ovos
- sal a gosto

Recheio
- 3 colheres (sopa) de óleo
- 1 cebola média ralada
- 4 colheres (sopa) de molho de tomate caseiro
- ½ xícara (chá) de água
- sal e pimenta-do-reino a gosto
- 400 g de peito de frango cozido e desfiado
- 400 g de requeijão cremoso
- 2 colheres (sopa) de salsinha picada

Para empanar
- 2 ovos
- 300 g de farinha de rosca

- óleo para fritar

Aqueça a manteiga, junte o caldo de galinha e refogue por alguns minutos. Adicione o leite e a mandioca, deixando cozinhar em fogo alto até ferver. Junte a farinha de trigo e mexa vigorosamente, até soltar do fundo da panela. Retire do fogo, acrescente os ovos ligeiramente batidos e retorne ao fogo para cozinhá-los. Retire do fogo, espere esfriar um pouco e sove a massa até que esteja lisa e uniforme.

Aqueça o óleo, junte a cebola e frite até murchar. Acrescente o molho de tomate, a água e o frango, tempere com sal e pimenta-do-reino, misture bem e cozinhe em fogo brando. Quando estiver seco, junte o requeijão cremoso, a salsinha, misture bem e retire do fogo.

Pegue pequenas porções de massa e faça as coxinhas, recheia-as com o creme de frango, passe pelos ovos batidos e, a seguir, pela farinha de rosca. Aqueça o óleo e frite as coxinhas.

2 horas | fácil | 60 unidades | 43 cal | 38 mg cada porção

Coxinha ao creme

Espete cada cubinho de frango no palito. Misture os ingredientes do tempero, junte o frango e deixe em um marinando por cerca de 2 horas.

Em uma panela, coloque a manteiga, o alho, a cebola, frite até murchar, acrescente a água e deixe ferver. Quando estiver fervendo junte o frango a vinha d'alhos e deixe no fogo até que estejam cozidos.

Escorra os espetinhos, coe o caldo e coloque a metade no liquidificador, juntamente com o leite, as gemas e a farinha de trigo. Bata por alguns instantes. Leve ao fogo o restante do caldo do cozimento dos espetinhos e, quando estiver fervendo, junte a mistura do liquidificador, mexa bem e cozinhe até obter um creme grosso.

Desligue o fogo, junte o queijo ralado, misture bem e passe cada espetinho de frango nesse creme; coloque-os para secar em uma superfície lisa. Bata os ovos, passe cada espetinho no ovo e, a seguir, na farinha de rosca.

Aqueça o óleo e frite as coxinhas.

- 1 kg de peito de frango cortado em cubinhos
- 3 dentes de alho amassados
- 1 folha de louro
- 1 colher (chá) de orégano
- 1 colher (chá) de molho inglês
- 2 colheres (sopa) de vinagre
- sal e pimenta-do-reino a gosto
- 200 g de manteiga
- 1 cebola grande picado
- 2 dentes de alho amassados
- 3 copos de água
- 2 copos de leite
- 2 gemas
- 8 colheres (sopa) de farinha de trigo
- 4 colheres (sopa) de queijo parmesão ralado
- 2 ovos
- 300 g de farinha de rosca

- óleo para fritar

2 horas | médio | 80 unidades | 50 cal | 34 mg cada porção

Coxinha de salmão

Massa
- 1 colher (sopa) de azeite
- 150 g de manteiga sem sal
- 1 dente de alho socado
- 1 cebola média bem picadinha
- 2 tomates médios sem pele e sem sementes
- 700 ml de água
- 300 ml de leite frio
- 1 xícara (chá) de batatas cozidas e espremidas
- 3 colheres (sopa) de salsinha verde picada
- molho de pimenta a gosto
- sal e pimenta-do-reino a gosto
- 450 g de farinha de trigo

Recheio
- 350 g de salmão defumado
- 1 litro de leite
- 250 g de requeijão cremoso

Para empanar
- 1 ovo inteiro ligeiramente batido
- 300 g de farinha de rosca

- óleo para fritar

Aqueça o azeite, a manteiga, doure o alho e a cebola. Acrescente os tomates bem picadinhos e deixe por alguns minutos. A seguir, junte os demais ingredientes, exceto a farinha de trigo. Tempere com sal e pimenta-do-reino e aguarde ferver.

Quando começar a ferver, acrescente a farinha de trigo de uma só vez, mexendo rapidamente até obter uma massa que solte da panela.

Retire do fogo, despeje sobre uma superfície de mármore, e deixe esfriar.

Ponha o salmão de molho na metade do leite por 3 horas. Escorra e leve ao fogo com o restante do leite. Escorra e desfie.

Pegue uma porção da massa e abra na palma da mão; a seguir, coloque o requeijão cremoso e o salmão defumado e modele a coxinha. Passe no ovo batido e depois na farinha de rosca. Repita esse procedimento até terminar toda a massa. Frite as coxinhas em óleo bem quente.

2 horas | médio | 70 unidades | 84 cal | 31 mg cada porção

Bolinha aos 4 queijos

Misture os queijos, junte os ovos, e vá acrescentando aos poucos a farinha de trigo e mexendo, até que dê o ponto de enrolar.

Faça as bolinhas, passe-as na clara de ovo, na farinha de rosca e frite em óleo quente.

- 300 g de queijo fresco ralado
- 300 g de queijo mozarela ralado
- 150 g de queijo parmesão ralado
- 300 g de queijo prato ralado
- 3 ovos inteiros
- 1 xícara (chá) de farinha de trigo (mais ou menos)

Para empanar
- 2 claras de ovos
- 300 g de farinha de rosca

1 hora   fácil   100 unidades   50 cal   74 mg cada porção

Rissoles de queijo

Massa
- 750 ml de leite frio
- 250 ml de água
- 90 g de manteiga sem sal
- ½ xícara (chá) de salsinha verde picadinha
- sal e pimenta-do-reino
- 500 g de farinha de trigo

Para rechear
- 500 g de queijo-de-minas fresco

Para empanar
- 2 claras
- 300 g de farinha de rosca

Misture todos os ingredientes, exceto a farinha de trigo. Leve ao fogo; quando ferver, junte a farinha de trigo, mexendo vigorosamente, até soltar da panela. Retire do fogo, espere amornar e trabalhe a massa.

Abra a massa com um rolo, corte pequenos discos, recheie com um pedaço de queijo fresco, feche, aperte a borda com um garfo, passe nas claras batidas e, a seguir, na farinha de rosca.

Aqueça bem o óleo e frite os rissoles.

2 horas | fácil | 40 unidades | 123 cal | 99 mg cada porção

Pão de tomate seco

Misture a farinha de trigo, o fermento, a banha e um pouquinho de água. Deixe descansar por 30 minutos. Adicione o restante dos ingredientes e faça uma massa bem macia; deixe descansar, coberta com um pano, durante 30 minutos. Pegue pequenas porções de massa, modele os pães como minibaguetes, e recheie cada um deles com a mistura de tomate seco.

Vá colocando uma porção ao lado da outra, em assadeiras untadas, deixando um espaço entre elas. Pincele com os ovos batidos e espalhe por cima o queijo ralado. Deixe os pães crescerem até dobrar de tamanho, e leve para assar em forno preaquecido a 200ºC, por cerca de 25 minutos, ou até que esteja no ponto.

Para preparar o recheio: misture todos os ingredientes.

- 500 g de farinha de trigo
- 20 g de fermento para pão
- 1 colher (sopa) de banha
- 1 copo de água aproximadamente
- 10 g de sal
- 10 g de açúcar
- ½ colher (sopa) de leite em pó

Recheio
- 300 g de tomate seco
- 2 cebolas médias raladas
- 50 g de queijo cremoso
- ovos batidos (para pincelar)
- queijo ralado a gosto

2 horas | médio | 6 porções | 378 cal | 378 mg cada porção

Patê mineiro

- 300 g de queijo branco tipo frescal
- 1 colher (sopa) de iogurte
- 1 colher (chá) de mostarda em grão
- 1 colher (chá) de molho shoyu ou inglês
- 1 copo de creme de leite light
- sal

Coloque o queijo, o iogurte, a mostarda e o molho shoyu ou inglês no processador e bata por alguns segundos, adicionando aos poucos o creme de leite, até dar o ponto de um patê consistente. Acrescente sal a gosto.

Leve à geladeira até a hora de servir.

10 minutos   fácil   6 porções   464 cal   301 mg cada porção

Acompanhamentos

Couve-flor gratinada

- 1 couve-flor
- 2 colheres (sopa) de azeite
- 1 cebola picada
- 3 dentes de alho picados
- 1 colher (sopa) de farinha de trigo
- 2 copos de leite desnatado
- 100 g de queijo parmesão ralado
- 400 ml de creme de leite fresco
- sal a gosto
- água

Cozinhe a couve-flor, cortada em ramos, em água e sal, até que esteja macia. Escorra, coloque os pedaços em uma forma refratária e reserve.

Frite em azeite, a cebola e o alho até que estejam dourados. Dissolva a farinha de trigo no leite, despeje na panela e mexa bem até ferver. Quando engrossar, adicione metade do queijo ralado e torne a mexer até ferver.

Tire do fogo, acrescente o creme de leite e mexa bem. Despeje o molho sobre a couve-flor, polvilhe com o restante do queijo ralado e leve para gratinar em forno preaquecido a 180°C por cerca de 20 minutos.

1 hora | fácil | 6 porções | 450 cal | 508 mg cada porção

Batatas ao forno

- 1 kg de batatas
- 1 maço de salsa francesa
- 400 g de creme de leite fresco
- 3 ovos
- 1 dente de alho amassado
- sal a gosto
- 2 colheres (sopa) de manteiga
- 100 g de queijo parmesão ralado

Descasque, lave e corte as batatas em cubinhos, cozinhando-as em água salgada por uns 20 minutos. Escorra as batatas e seque-as com um pano. Lave e seque a salsinha cortando-a bem fininho.

Misture a salsinha, o creme de leite, os ovos, o alho e tempere com sal.

Unte com manteiga uma forma refratária, coloque as batatas picadas, cubra com a mistura cremosa e polvilhe com o queijo ralado. Leve ao forno preaquecido a 180°C, por 35 minutos.

1 hora | fácil | 8 porções | 357 cal | 287 mg cada porção

Gratinado de batatas

Descasque as batatas, corte em rodelas grossas e leve ao fogo para cozinhar em água salgada; deixe-as *al dente*. Retire do fogo, escorra e reserve.

Em uma panela, derreta a manteiga, junte a cebola e deixe dourar levemente. Acrescente, mantendo o fogo baixo, a metade do creme de leite e misture bem; junte as batatas e misture delicadamente. Polvilhe com o sal, a pimenta-do-reino, a salsinha picada e, por último, coloque o restante do creme de leite. Misture novamente e desligue o fogo. Despeje essa mistura no refratário, polvilhe com o queijo *gruyère* ralado e leve ao forno preaquecido a 180ºC, para dourar, por cerca de 15 minutos.

- 1 kg de batata
- 1 colher (sopa) de manteiga
- 1 cebola grande cortada em rodelas finas
- 300 ml de creme de leite fresco
- 3 colheres (sopa) de salsinha picada
- 200 g de queijo *gruyère* ralado
- sal e pimenta-do-reino

1h30 | fácil | 8 porções | 262 cal | 378 mg cada porção

Pudim de cenoura

Descasque as cenouras, pique-as em pequenos pedaços e cozinhe com o leite e o sal por cerca de 20 minutos, ou até que estejam macias. Coloque no liquidificador a cenoura com o leite e acrescente os demais ingredientes; bata bem. Unte uma fôrma de anel, coloque a mistura do liquidificador e leve para assar em banho-maria, no forno preaquecido a 180ºC, por duas horas, ou até que, enfiando um palito, este saia limpo.

Espere esfriar, desenforme e sirva.

- 750 g de cenouras
- 400 ml de leite desnatado
- 2 ovos
- 3 colheres (sopa) de amido de milho
- 1 colher (café) de orégano seco
- sal e pimenta-do-reino a gosto

2 horas | fácil | 8 porções | 119 cal | 96 mg cada porção

Torta de liquidificador

- 500 ml de leite desnatado
- 2 ovos
- 2 ½ xícaras (chá) de farinha de trigo
- 1 colher (sopa) de fermento em pó
- sal e pimenta-do-reino a gosto
- 500 g de queijo fresco picado
- 2 tomates sem pele e sem semente picados
- 1 pimentão verde picado sem sementes
- ½ xícara (chá) de azeitonas pretas picadas
- 2 colheres (sopa) de salsinha picada

Coloque no liquidificador o leite, os ovos, a farinha de trigo, o fermento, o sal e a pimenta-do-reino, batendo por alguns minutos.

Retire do liquidificador, junte o queijo, os tomates, o pimentão, as azeitonas, a salsinha, e misture tudo delicadamente.

Unte uma fôrma redonda, sem buraco, despeje a mistura e leve para assar em forno preaquecido a 180°C, por cerca de 1 hora, ou até que, enfiando um palito, este saia limpo.

1h30 fácil 10 porções 177 cal 434 mg cada porção

Gratinado fantasia

Unte um refratário com manteiga, coloque uma camada de batatas, uma de queijo prato e uma de presunto. Repita a operação até usar todos os ingredientes, terminando com a batata.

Misture o leite com o creme de leite, tempere com o sal e a pimenta-do-reino, despeje sobre a última camada de batatas e faça com que penetre entre as camadas.

Leve ao forno preaquecido a 170ºC, para assar por mais ou menos 1 hora e 30 minutos, ou até que as batatas estejam macias.

- 500 g de batatas descascadas e cortadas em rodelas
- 200 g de queijo prato picado
- 200 g de presunto picado
- 1 ½ copo de leite desnatado
- ½ copo de creme de leite fresco
- sal e pimenta-do-reino a gosto

2 horas | fácil | 8 porções | 362 cal | 320 mg cada porção

Bolo de brócolos

- 500 ml de leite desnatado
- 1 cebola média ralada
- 1 ovo
- 1 colher (sopa) de manteiga
- sal e pimenta-do-reino a gosto
- 1 xícara (chá) de farinha de trigo
- 1 colher (sopa) de fermento em pó
- ½ xícara (chá) de queijo parmesão ralado
- 1 maço grande de brócolos cortado em ramos

Coloque no processador o leite, a cebola, o ovo, a manteiga, o sal e bata até obter um creme. Acrescente a farinha de trigo, o fermento e o queijo ralado, continuando a bater até que a massa esteja bem lisa e homogênea.

Tempere os brócolos com sal e pimenta-do-reino; junte a massa, misture delicadamente, despeje em uma fôrma untada, e leve para assar em forno preaquecido a 170ºC, por cerca de 50 minutos, ou até que o bolo esteja dourado.

1h30 — fácil — 8 porções — 16 cal — 344 mg cada porção

Vagem cremosa

Pique as vagens e cozinhe-as no caldo de galinha por cerca de 15 minutos. Escorra e reserve o caldo. Aqueça a manteiga, frite a cebola e junte a farinha de trigo, mexendo até dourar. Acrescente aos poucos o caldo do cozimento, mexendo sem parar, para não empelotar, até que engrosse. Adicione a vagem, o creme de leite, misture bem e despeje em uma fôrma refratária untada com manteiga.

Polvilhe com o queijo ralado e leve ao forno preaquecido a 180ºC para gratinar.

- 500 g de vagem
- 1 litro de caldo de galinha
- 2 colheres (sopa) de manteiga
- 1 cebola pequena picada
- 3 colheres (sopa) de farinha de trigo
- 1 xícara (chá) de creme de leite fresco
- 150 g de queijo parmesão ralado grosso

1 hora | fácil | 6 porções | 279 cal | 440 mg cada porção

Torta de cogumelos

- 2 ½ xícaras (chá) de farinha de trigo
- 3 colheres (sopa) de manteiga
- 1 colher (chá) de fermento em pó
- sal a gosto
- ½ copo de leite desnatado (aproximadamente)

Recheio
- 2 colheres (sopa) de manteiga
- 1 cebola média ralada
- 300 g de cogumelos em conserva
- 2 copos de leite
- 2 gemas
- 2 colheres (sopa) de amido de milho
- ½ colher (café) de noz-moscada
- sal e pimenta-do-reino a gosto
- 4 colheres (sopa) de queijo parmesão ralado
- 4 colheres (sopa) de salsinha picada

Coloque a farinha de trigo em uma tigela, faça um buraco no meio, adicione a manteiga, o fermento e o sal. Misture bem e junte o leite aos poucos. Sove a massa vagarosamente até que esteja macia e elástica. Forre o fundo e os lados de uma fôrma para torta, faça vários furos, por toda a massa, com um garfo e leve ao forno preaquecido a 180°C, para assar.

Quando a massa estiver assada, retire do forno e espere esfriar para colocar o recheio.

Para preparar o recheio: aqueça a manteiga, junte a cebola e refogue até murchar. Acrescente os cogumelos cortados em pequenos pedaços e refogue por alguns minutos.

Bata no liquidificador o leite, as gemas, o amido de milho, a noz-moscada, o sal e a pimenta-do-reino. Leve ao fogo até engrossar, prove os temperos e, se necessário, acrescente mais. Junte ao refogado de cogumelo uma parte do queijo parmesão ralado e a salsinha. Misture bem. Recheie a massa já assada, cubra com o restante do queijo parmesão e leve ao forno por 10 minutos para derreter. Sirva bem quente.

2 horas | médio | 8 porções | 205 cal | 482 mg cada porção

Suflê de couve-flor

Junte o leite e a couve-flor, tempere com sal e leve ao fogo para cozinhar por 20 minutos. Derreta a manteiga, adicione a farinha de trigo e frite até dourar. Acrescente o leite do cozimento da couve-flor, mexendo para não empelotar. Junte o queijo ralado, o sal e a noz-moscada, misturando bem.

Retire do fogo, espere esfriar, acrescente as gemas batidas e a couve-flor. Misture bem. Bata as claras em neve e junte-as ao creme de couve-flor, misturando delicadamente com movimentos circulares. Unte com manteiga uma fôrma para suflê, despeje a mistura e leve para assar em forno preaquecido a 180ºC, por cerca de 1 hora, ou até que esteja dourado. Sirva bem quente.

- 1 litro de leite desnatado
- 500 g de couve-flor separada em ramos
- 2 colheres (sopa) de manteiga
- 3/4 xícara (chá) de farinha de trigo
- ½ xícara (chá) de queijo parmesão ralado
- 4 ovos
- sal e pimenta-do-reino a gosto

2 horas | fácil | 8 porções | 247 cal | 423 mg cada porção

Suflê de brócolos

Derreta a manteiga, e frite a cebola. Coloque a farinha de trigo, o sal e deixe dourar. Adicione o leite aos poucos, mexendo para não empelotar, até engrossar. Acrescente as gemas batidas, mexendo com cuidado para que não talhem; cozinhe sempre em fogo baixo. Retire do fogo, junte a pimenta-do-reino a gosto, os brócolos cozidos e o queijo ralado e misture bem. Bata as claras em neve firme e junte-as à mistura de brócolos, mexendo delicadamente com movimentos circulares de cima para baixo.

Unte com manteiga uma fôrma para suflê, despeje a mistura e asse em forno preaquecido a 180ºC, por cerca de 50 minutos, ou até que esteja dourado.

- 1 maço de brócolos cozidos
- 2 colheres (sopa) de manteiga
- 1 cebola média ralada
- 3 colheres (sopa) de farinha de trigo
- 1 ½ xícara (chá) de leite
- 6 ovos
- ½ xícara (chá) de queijo parmesão ralado
- sal a gosto

1 h30 | fácil | 8 porções | 164 cal | 454 mg cada porção

Musse de cenoura

- 3 cenouras
- 1 cebola pequena
- 1 envelope de gelatina branca sem sabor
- 2 colheres (sopa) de água
- 1 pote de iogurte natural desnatado
- 250 g de queijo fresco
- 1 xícara (chá) de leite
- 5 colheres (sopa) de creme de leite
- ½ colher (sopa) de molho inglês
- ½ colher (sopa) de mostarda
- sal e pimenta-do-reino

Descasque e pique as cenouras e a cebola; cozinhe em água e sal. Prepare a gelatina de acordo com as instruções da embalagem. Coloque todos os ingredientes no liquidificador e bata por alguns minutos. Umedeça uma forma redonda com água, coloque a musse e leve à geladeira, para endurecer, por aproximadamente 3 horas.

1 hora — médio — 8 porções — 158 cal — 327 mg cada porção

Farofa rica de nozes

Peneire a farinha de milho e desmanche os flocos. Regue com o leite e reserve. Numa frigideira grande, coloque a manteiga e leve ao fogo para derreter, junte a cebola, o alho, e frite até que fiquem macios. Adicione a farinha de milho e os demais ingredientes, misturando bem. Tempere com sal a gosto e retire do fogo.

- 300 g de farinha de milho amarela
- ½ xícara (chá) de leite
- 1 xícara (chá) de manteiga
- 1 cebola grande ralada
- 3 dentes de alho amassados
- 1 xícara (chá) de queijo parmesão ralado
- ½ xícara (chá) de nozes sem a casca e picadas
- 1 xícara (chá) de azeitonas pretas descaroçadas e picadas
- 1 xícara (chá) de uvas-passas brancas sem semente
- ½ xícara (chá) de salsa picada
- Sal a gosto

20 minutos | fácil | 8 porções | 158 cal | 380 mg cada porção

Salada de grão-de-bico

- 1 xícara (chá) de grão-de-bico
- 4 litros de água
- 2 cenouras médias descascadas
- 2 beterrabas descascadas
- 1 pé de alface pequeno
- 2 potes de iogurte natural
- 2 colheres (sopa) de hortelã fresca
- ½ colher (chá) de pimenta síria
- 2 colheres (chá) de azeite
- sal a gosto
- 200 g de queijo prato cortado em cubos

Coloque o grão-de-bico na panela de pressão com a água e sal. Leve ao fogo e deixe cozinhar por cerca de 30 minutos, contados após o início da fervura. Enquanto o grão-de-bico cozinha, rale e reserve separadamente a cenoura e a beterraba. Lave as folhas de alface, corte-as em tiras e reserve.

Bata no liquidificador o iogurte, a hortelã, a pimenta síria, o azeite e o sal.

Em uma saladeira, arrume em camadas a alface, a cenoura, a beterraba, o queijo prato e o grão-de-bico. No momento de servir, coloque o molho de iogurte sobre a salada.

1 hora | fácil | 6 porções | 272 cal | 438 mg cada porção

Torta de ervilha

Separe as gemas, bata as claras em ponto de neve firme e reserve. Bata as gemas com a maionese até obter um creme. Misture todos os ingredientes secos, alternando-os com o leite, sem parar de bater, até que a mistura esteja bem leve. Retire da batedeira, adicione o fermento e as claras em neve, misturando delicadamente. Unte com manteiga uma fôrma retangular, polvilhe com farinha de trigo, despeje a mistura e leve para assar em forno preaquecido a 190ºC, por cerca de 40 minutos.

Misture todos os ingredientes do recheio e tempere a gosto.

Desenforme o bolo, corte-o em camadas e monte a torta: uma camada de bolo, uma camada de recheio, e assim sucessivamente, até terminarem todos os ingredientes. Comprima bem, embrulhe com papel alumínio e leve à geladeira por 4 horas. Desenforme.

Cozinhe as batatas em água e sal, passe-as no espremedor ainda quentes, junte o alho, a maionese e o creme de leite. Misture tudo muito bem e decore a torta, utilizando o saco de confeitar e o bico pitanga.

- 5 ovos
- 1 xícara (chá) de maionese
- 2 xícaras (chá) de farinha de trigo
- 1 xícara (chá) de amido de milho
- 2 xícaras (chá) de queijo ralado
- 1 colher (chá) de sal
- 1 ½ xícara (chá) de leite
- 1 colher (sopa) bem cheia de fermento em pó

Recheio
- 1 xícara (chá) de azeitonas picadas
- 1 xícara (chá) de salsa bem picadinha
- 2 pimentões vermelhos picados
- 5 ovos cozidos picadinhos
- 2 latas de ervilha
- 1 copo de requeijão cremoso
- 1 cebola grande ralada
- sal e pimenta-do-reino a gosto

Cobertura
- 1 kg de batatas cozidas em água e sal
- 4 dentes de alho amassados
- 1 xícara (chá) de maionese
- 2 colheres (sopa) de creme de leite

2 horas | médio | 8 porções | 405 cal | 588 mg cada porção

Surpresa de batata

- 2 kg de batata
- 100 g de manteiga
- 3 folhas de sálvia
- sal e pimenta-do-reino
- 250 g de mozarela
- 1 copo de leite
- 1 copo de creme de leite
- 150 g de queijo parmesão ralado

Lave e descasque as batatas; corte-as em fatias redondas, todas da mesma espessura. Unte uma fôrma refratária com manteiga. Derreta a manteiga restante numa frigideira, juntamente com as folhas de sálvia.

Arrume as batatas na fôrma refratária, uma ao lado da outra. Terminada a primeira camada, tempere-as com sal e pimenta, regue-as com um pouco da manteiga derretida e cubra-as com uma farta camada de fatias de mozarela. Faça outra camada de batatas, ponha mais sal e pimenta-do-reino, novamente um pouco de manteiga derretida e cubra-as com fatias de mozarela. Repita esta operação até que terminem as batatas, sendo a última camada de mozarela.

Misture o leite e o creme de leite, despejando-os por cima da mozarela. Polvilhe com o parmesão ralado e leve ao forno preaquecido a 170ºC durante 50 minutos. Sirva bem quente.

1h30 | fácil | 8 porções | 432 cal | 36 mg cada porção

Batata-doce gratinada

Descasque as batatas-doces e corte-as em lascas finas.

Leve o leite ao fogo; quando ferver, junte as batatas e cozinhe até que estejam macias. Escorra e coloque as batatas num refratário untado com manteiga.

Bata os ovos, junte o creme de leite, o sal, a pimenta e a noz-moscada. Espalhe essa mistura sobre as batatas, polvilhe queijo ralado e leve ao forno por 20 minutos.

- 750 g de batata-doce
- ½ litro de leite
- 1 colher (sopa) de manteiga
- 3 ovos
- ½ litro de creme de leite
- 1 pitada de noz-moscada
- Sal e pimenta a gosto
- 2 colheres (sopa) de queijo parmesão ralado

1 hora | fácil | 6 porções | 467 cal | 222 mg cada porção

Bolo de legumes

- 400 g de berinjelas
- 400 g de abobrinhas
- 200 g de pimentões vermelhos
- 3 ramos de salsa
- 1 ramo de manjericão
- 1 cebola
- 2 dentes de alho
- 60 g de manteiga
- 250 g de queijo prato moído
- 150 g de queijo parmesão ralado
- 3 ovos
- 60 g de farinha de rosca
- noz-moscada
- sal e pimenta-do-reino

Lave e corte em pequenos pedaços as berinjelas, as abobrinhas e os pimentões, sem as sementes. Reserve. Coloque no processador os ramos de salsa, o manjericão, a cebola, o alho, e dê uma ligeira batida. Derreta a manteiga, coloque a mistura do processador, refogue por alguns segundos, junte os legumes e cozinhe-os em fogo moderado por cerca de 10 minutos.

Retire do fogo, coloque numa tigela, espere esfriar e junte o queijo prato moído, o queijo parmesão ralado, os ovos e a farinha de rosca. Tempere com o sal, a pimenta-do-reino e a noz-moscada. Misture com uma colher de pau e acomode numa fôrma retangular bem untada com manteiga e polvilhada com farinha de rosca. Asse em forno preaquecido a 180°C por mais ou menos 40 minutos.

1h30 | médio | 8 porções | 391 cal | 589 mg cada porção

Erva-doce gratinada

Tire as pontas e as folhas externas da erva-doce, corte-a ao meio, depois em gomos, e lave-os muito bem. Coloque-os numa panela com bastante água e sal, leve ao fogo e deixe ferver por 10 minutos. Escorra-os e reserve.

Em outra panela, coloque a manteiga, junte a farinha de trigo e mexa com uma colher de pau, até dourar a farinha. Junte o leite aos poucos até engrossar, sem parar de mexer. Prove o sal e coloque a noz-moscada e o creme de leite.

Refogue os gomos de erva-doce em 2 colheres de sopa de manteiga, virando-os dos dois lados. Coloque a metade do molho branco numa travessa refratária, disponha por cima a erva-doce refogada e cubra com o restante do molho branco. Leve a assar em forno preaquecido a 200ºC por cerca de 20 minutos.

- 1 kg. de erva-doce
- 4 colheres (sopa) de manteiga
- 2 colheres (sopa) de farinha de trigo
- ½ litro de leite
- 1 pitada de noz-moscada
- 2 xícaras (chá) de creme de leite
- sal a gosto

1 hora | fácil | 6 porções | 366 cal | 485 mg cada porção

Capelete aos 4 queijos

- 500 g de capelete
- 1 colher (sopa) de manteiga
- 150 g de queijo gorgonzola
- 200 g de queijo estepe ralado
- 100 g de requeijão cremoso
- 100 g de queijo parmesão ralado
- 1 ½ xícara (chá) de creme de leite
- 200 g de cogumelos picados
- sal e pimenta-do-reino a gosto

Aqueça a manteiga em fogo alto até ela começar a mudar de cor. Coloque o gorgonzola e derreta, mexendo sem parar com uma colher de pau, sempre em fogo alto. Junte o queijo estepe e deixe derreter e se integrar. Coloque metade do requeijão e incorpore; junte o parmesão e deixe até derreter. Continue mexendo, coloque o restante do requeijão e o creme de leite e deixe no fogo até obter um molho homogêneo. Acrescente por último os cogumelos; coloque sal e pimenta a gosto. Atenção: alguns queijos são salgados.

Em uma panela ferva água, coloque uma pitada de sal e um fio de azeite. Acrescente o capelete e, quando estiver *al dente*, retire e escorra, junte ao molho e salpique com queijo parmesão.

1 hora | médio | 8 porções | 321 cal | 916 mg cada porção

Crepe de camarão

Coloque todos os ingredientes da massa no liquidificador e bata por alguns segundos. Deixe-a descansar por 20 minutos. Faça os crepes e reserve.

Aqueça o azeite, junte a cebola e frite até murchar. Adicione os camarões e os tomates picados. Refogue-os até que estejam cozidos. Reserve.

Aqueça a manteiga, doure a farinha de trigo, junte o leite e o creme de leite, mexendo até engrossar. A seguir, junte os demais ingredientes, tempere com sal e pimenta-do-reino a gosto. Espere esfriar, junte os camarões, misture bem e reserve.

Para preparar o molho, misture todos os ingredientes.

Espalhe a mistura de camarão sobre os discos de crepes em quatro partes, formando um leque.

Unte com manteiga uma forma refratária, distribua os crepes, coloque o molho por cima, polvilhe o parmesão ralado e leve ao forno rapidamente apenas para gratinar. Sirva em seguida.

Massa
- 3 ovos inteiros
- 1 xícara (chá) de leite
- ½ xícara (chá) de creme de leite fresco
- ½ xícara (chá) de cerveja branca sem gelo
- 1 xícara (chá) de farinha de trigo
- 1 colher (sopa) de azeite
- sal

Recheio
- 2 colheres (sopa) de azeite
- 1 cebola média ralada
- 500 g de camarões médios, limpos e picados
- 2 tomates sem pele e sem sementes, picados
- 2 colheres (sopa) de manteiga sem sal
- 2 colheres (sopa) de farinha de trigo
- ½ xícara (chá) de leite frio
- 1 xícara (chá) de creme de leite fresco
- ½ xícara (chá) de requeijão cremoso
- 2 colheres (sopa) de salsa picada
- sal e pimenta-do-reino branca

Molho
- ½ xícara (chá) de requeijão
- 1 ½ xícara (chá) de creme de leite fresco
- 200 g de queijo cremoso
- ½ colher (sopa) de curry
- 1 colher (sopa) de rum
- sal e pimenta-do-reino branca

- ½ xícara (chá) de queijo parmesão ralado (para salpicar)

1h30 | médio | 6 porções | 431 cal | 778 mg cada porção

Penne ao molho verde

- 500 g de macarrão penne
- 1 colher (sopa) de manteiga sem sal
- 1 cebola média ralada
- 2 xícaras (chá) de espinafre cozido e bem picado
- sal a gosto
- 1 pitada de noz-moscada
- 750 ml de creme de leite
- 200 g de queijo parmesão ralado

Cozinhe o macarrão em água e sal, até que esteja *al dente*, escorra e reserve.

Em uma panela, coloque a manteiga, a cebola e frite até murchar, junte o espinafre, tempere com sal e noz-moscada. Retire do fogo, junte o creme de leite e misture bem.

Coloque o macarrão cozido em um refratário, cubra com o molho, polvilhe com o parmesão ralado e leve ao forno preaquecido a 170°C, para gratinar, por 25 minutos. Sirva bem quente.

| 1 hora | fácil | 8 porções | 370 cal | 733 mg cada porção |

Crepes do mar aos 3 queijos

Bata todos os ingredientes da massa no liquidificador. Faça as panquecas, colocando meia concha de massa, por vez, numa frigideira pequena untada com óleo. Gire para espalhar bem a massa. Quando as beiradas começarem a soltar, vire para dourar do outro lado. Proceda assim até terminar toda a massa.

Para preparar o recheio, coloque o vinho em uma panela e leve ao fogo; quando aquecer, junte as vieiras e cozinhe por 6 a 8 minutos, ou até que estejam macias. Retire-as do fogo e reserve.

Coloque a manteiga em uma panela e leve ao fogo para derreter; adicione a cebola e quando murchar, acrescente os cogumelos e refogue por alguns minutos. Adicione a farinha de trigo, misture bem e cozinhe por 2 minutos. Junte o creme de leite, o xerez e os temperos; cozinhe até engrossar. Acrescente as vieiras reservadas e os camarões, misture bem e deixe que fiquem no fogo por mais 1 ou 2 minutos. Recheie as panquecas e coloque-as uma ao lado da outra em uma travessa refratária.

Para a cobertura, misture os queijos e espalhe por cima das panquecas. Na hora de servir, leve ao forno preaquecido a 180ºC por 10 minutos para gratinar. Se quiser, decore com alguns camarões inteiros.

Massa
- 2 xícaras (chá) de leite
- ½ xícara (chá) de amido de milho
- 1 xícara (chá) de farinha de trigo
- 3 colheres (sopa) de óleo
- 4 ovos
- 1 colher (chá) de sal

Recheio
- 2 xícaras (chá) de vinho branco seco
- 500 g de vieiras
- ½ xícara (chá) de manteiga
- 1 cebola grande picada miúdo
- 150 g de cogumelos cortados em lâminas
- 6 colheres (sopa) de farinha de trigo
- 2 xícaras (chá) de creme de leite fresco
- ½ xícara (chá) de xerez
- Sal e pimenta do reino a gosto
- 1 colher (chá) de páprica picante
- 3 xícaras (chá) de camarão pequeno cozido em água e sal

Cobertura
- 1 xícara (chá) de queijo *cheddar* ralado
- 1 xícara (chá) de queijo provolone ralado
- 1 xícara (chá) de queijo ementhal

40 minutos | médio | 8 porções | 683 cal | 987 mg cada porção

Capelete cremoso

- 2 colheres (sopa) de manteiga
- 1 cebola grande ralada
- 2 dentes de alho amassados
- 1 lata de molho de tomate temperado
- ½ xícara (chá) de vinho branco seco
- 1 lata de ervilha escorrida
- 200 ml de creme de leite fresco
- 200 g de requeijão cremoso
- Sal a gosto
- 500 g de capelete cozido em água e sal
- 4 colheres (sopa) de queijo parmesão ralado

Em uma panela, coloque a manteiga, a cebola, o alho, e frite-os ligeiramente. Acrescente o molho de tomate, o vinho, e cozinhe em fogo brando. Junte a ervilha, o creme de leite e o requeijão. Retire do fogo.

Coloque o capelete, já cozido, em uma travessa, cubra com o molho, polvilhe com queijo ralado e sirva.

30 minutos | médio | 5 porções | 431 cal | 310 mg cada porção

Nhoque de abóbora

Corte a abóbora em fatias, retire as sementes e leve ao forno. Se preferir, cozinhe no vapor. Depois de cozida, passe a abóbora pela peneira, coloque em uma tigela e acrescente a noz-moscada, o sal, a pimenta-do-reino, o leite e os ovos. Misture bem com uma colher de pau e vá juntando a farinha de trigo aos poucos, até que dê ponto de enrolar. Faça os nhoques.

Leve ao fogo uma panela com água, sal e um fio de óleo; quando ferver, coloque os nhoques aos poucos; quando subirem à tona, retire-os com uma escumadeira e vá colocando-os em uma travessa, mantendo-a aquecida, enquanto cozinha os demais. Despeje por cima o molho de alho.

Para preparar o molho: leve ao fogo uma frigideira com a manteiga, espere derreter, junte o alho e frite por alguns segundos. Despeje sobre os nhoques já cozidos, polvilhe o queijo ralado e sirva bem quente.

- 1 ½ kg de abóbora amarela
- uma pitada de noz-moscada
- sal
- pimenta-do-reino
- 1 copo de leite
- 2 ovos inteiros
- 300 g de farinha de trigo

Molho de alho
- 100 g de manteiga
- 6 dentes de alho amassados
- 150 g de queijo parmesão ralado

1 hora — médio — 6 porções — 393 cal — 546 mg cada porção

Lasanha aos 5 queijos

- 500 g de massa verde para lasanha
- 2 ovos batidos
- 250 g de queijo cremoso
- 250 g de queijo *cheddar* ralado
- 250 g de ricota fresca
- 250 g de queijo prato
- 2 xícaras (chá) de queijo parmesão ralado
- 2 colheres (sopa) de manteiga
- 2 colheres (sopa) de farinha de trigo
- 1 xícara (chá) de leite
- 1 pitada de noz-moscada
- ½ xícara (chá) de caldo de galinha
- ½ xícara (chá) de creme de leite
- 3 xícaras (chá) de molho de tomate

Misture os ovos com os queijos, reservando meia xícara (chá) do queijo parmesão. Leve a mistura à geladeira.

Aqueça a manteiga numa panela, junte a farinha de trigo e cozinhe por 2 minutos. Junte o leite, a noz-moscada e o caldo de galinha. Misture até formar um molho fino, junte o creme de leite, torne a misturar, mantenha no fogo até aquecer, sem deixar ferver. Reserve.

Leve ao fogo uma panela com 4 litros de água, sal e óleo; quando ferver, coloque a massa e cozinhe até ficar *al dente*.

Unte com manteiga, uma assadeira grande ou refratário, coloque uma camada fina de molho de tomate. Disponha uma camada de massa cozida e cubra com o molho branco, e em seguida com o molho de tomate. Espalhe por cima uma camada da mistura de queijos, seguida por outra de molho. Repita até terminar todos os ingredientes. A última camada deve ser de molho de tomate. Polvilhe com o parmesão reservado. Cubra com papel alumínio e asse em forno preaquecido a 200°C, deixe por 25 minutos. Retire o papel e asse a lasanha por mais 8 minutos, até dourar.

1h30 | médio | 10 porções | 584 cal | 618 mg cada porção

Nhoque ao pomodoro

Leve ao fogo uma panela com o leite, a manteiga e sal a gosto. Quando estiver fervendo, junte a semolina e mexa vigorosamente até que ela esteja cozida. Adicione a gema e o queijo parmesão, misture bem, retire do fogo e espere esfriar por alguns minutos. Unte uma pedra mármore com manteiga, estenda a massa, e faça rolinhos com 1 cm de espessura, aproximadamente, e corte em pedaços de 3 cm.

Leve ao fogo uma panela com água, sal e um fio de óleo; quando ferver, coloque os nhoques aos poucos; quando subirem à tona, retire-os com uma escumadeira e vá colocando-os em uma travessa, mantendo-a aquecida, enquanto cozinha os demais. Despeje por cima o molho de alho.

Para preparar o molho: leve ao fogo uma panela com o azeite, espere aquecer e adicione a abobrinha e o alho, refogue ligeiramente. Junte os tomates picados, misture bem, cozinhe por alguns minutos e mantenha no fogo até que os ingredientes estejam cozidos.

Retire o nhoque do fogo, coloque a manteiga, polvilhe com o queijo parmesão e leve ao forno para gratinar por alguns minutos. Sirva bem quente.

- 500 ml de leite
- 50 g de manteiga
- Sal
- 120 g de semolina
- 1 gema de ovo
- 40 g de queijo parmesão ralado

Molho
- 1 colher (sopa) de azeite
- ½ abobrinha cortada fina
- 1 dente de alho amassado
- 2 tomates maduros sem sementes e picados

Para gratinar
- 1 colher (sopa) de manteiga
- ½ xícara (chá) de queijo parmesão ralado

1 hora | médio | 3 porções | 312 cal | 358 mg cada porção

Creme de cebola

- 750 ml de água
- 1 colher (café) de azeite
- 3 dentes de alho amassados
- 200 g de cebola
- 1 copo de leite
- Sal a gosto
- 400 g de requeijão cremoso
- 1 pitada de noz-moscada
- 2 colheres (sopa) de salsinha picada

Em uma panela, coloque a água, o azeite e o alho. Leve ao fogo para ferver. Ponha a cebola e o leite no liquidificador, batendo até que estejam bem dissolvidos. Despeje na panela da água, tempere com sal e deixe ferver por 30 a 40 minutos. Coloque o requeijão cremoso, a pitada de noz-moscada, mexa bem e deixe ferver novamente. Sirva o creme de cebola salpicado com a salsinha.

1 hora | fácil | 6 porções | 211 cal | 285 mg cada porção

Molho aos 4 queijos

Coloque o molho branco em uma panela. Em fogo bem baixo, vá juntando os queijos um a um; misture bem e retire do fogo.

- 500 ml de molho branco
- 50 g de gorgonzola
- 100 g de requeijão cremoso
- 50 g de queijo provolone ralado
- 50 g de queijo mozarela ralado

15 minutos | fácil | 8 porções | 126 cal | 297 mg cada porção

Molho de cogumelos

Derreta a manteiga e frite a cebola. Junte os cogumelos e deixe cozinhar em fogo alto até que a água natural seque. Coloque o vinho e deixe ferver mais um minuto. Acrescente o molho branco e, quando ferver, junte a salsa picada.

- 2 colheres (sopa) de manteiga
- 3 colheres (sopa) de cebola ralada
- 250 g de cogumelos frescos cortados em lâminas
- 4 colheres (sopa) de vinho branco seco
- 500 ml de molho branco
- 1 colher (sopa) de salsa picada bem miudinha

15 minutos | fácil | 6 porções | 86 cal | 131 mg cada porção

- 2 colheres (sopa) de manteiga
- 4 colheres (sopa) de azeite
- 3 dentes de alho amassados
- 200 g de sobras de frango desfiado
- 1 xícara (chá) de ervilha em lata
- 1 xícara (chá) de cogumelos cortados em lâminas
- 500 ml de molho branco

Molho parisiense

Aqueça a manteiga e o azeite, e frite o alho até murchar. Junte os demais ingredientes pela ordem (exceto o molho branco) e deixe cozinhar por 5 minutos. Acrescente o molho branco, misture bem e utilize.

15 minutos | fácil | 8 porções | 152 cal | 134 mg cada porção

- 2 colheres (sopa) de manteiga
- 1 cebola média ralada
- 2 colheres (sopa) de farinha de trigo
- 500 ml de leite aproximadamente
- sal, pimenta-do-reino e noz-moscada

Molho branco

Numa panela, derreta a manteiga e frite a cebola até murchar. Junte a farinha de trigo e deixe dourar um pouco. Vá colocando o leite até atingir uma consistência cremosa, sem parar de mexer. Tempere com sal, pimenta e uma pitada de noz-moscada.

15 minutos | fácil | 5 porções | 55 cal | 134 mg cada porção

Molho de alho-poró

Aqueça o azeite, junte o alho-poró e refogue até amolecer. Junte o creme de leite, o sal, as gotas de limão e o queijo ralado. Ótimo para acompanhar massas.

- 3 colheres (sopa) de azeite de oliva
- ½ xícara (chá) de alho-poró picado fino
- 1 xícara (chá) de creme de leite fresco
- 1 pitada de sal
- 4 gotas de limão
- ⅓ xícara de parmesão ralado

20 minutos | fácil | 5 porções | 300 cal | 250 mg cada porção

Molho de mostarda

Aqueça o azeite e doure a cebola. Dissolva a farinha de trigo no leite, tempere com sal e pimenta-do-reino a gosto, despeje na panela da cebola, e, sem parar de mexer, cozinhe em fogo baixo, por 12 a 15 minutos, ou até obter um creme. Junte os dois tipos de mostarda, o creme de leite, misture tudo muito bem e retire do fogo.

- 2 colheres (sopa) de azeite de oliva
- 1 cebola ralada
- 4 colheres (sopa) de farinha de trigo
- 750 ml de leite
- sal e pimenta-do-reino a gosto
- 1 ½ xícara (chá) de mostarda
- 1 colher (chá) de mostarda em grão
- 300 ml de creme de leite

30 minutos | fácil | 8 porções | 201 cal | 221 mg cada porção

Filé de linguado gratinado

- 2 colheres (sopa) de azeite de oliva
- 2 dentes de alho picados
- 1 cebola picada
- 6 unidades de *kani-kama*
- 2 colheres (sopa) de pimentão verde picado e sem sementes
- 1 colher (sopa) de molho de tomate caseiro
- 2 tomates picados sem pele e sem sementes
- 1 fatia de pão integral
- 2 colheres (sopa) de leite de coco
- ½ xícara (chá) de leite
- 1 colher (sopa) de requeijão light
- 1 colher (café) de coentro picado
- 1 colher (sopa) de salsinha picada
- 1 colher (sopa) de cebolinha picada
- 4 filés de linguado
- sal e pimenta–do-reino a gosto
- 1 colher (sopa) de queijo ralado
- 1 colher (sopa) de farinha de rosca

Em uma panela coloque o azeite, o alho e a cebola. Frite por alguns instantes, acrescente o *kani-kama*, a seguir o pimentão picado, o molho de tomate, os tomates picados, e deixe refogar por alguns minutos.

Coloque em um prato o pão integral, o leite de coco, o leite, e deixe por alguns minutos. Amasse com um garfo e acrescente essa mistura ao refogado, junto com o requeijão, o coentro, a salsinha e a cebolinha.

A seguir, arrume os filés de linguado, temperados com sal e pimenta-do-reino e coloque o creme por cima. Polvilhe com o queijo e a farinha de rosca, e leve ao forno preaquecido a 170°C por 20 minutos.

1 horas   médio   4 porções   721 cal   239 mg cada porção

Camarão ao molho branco

Tire as cascas e as tripas dos camarões e deixe o rabinho. Aqueça a manteiga, o azeite e frite a cebola em uma panela grande, junte os camarões e refogue por alguns minutos. Coloque-os em uma travessa. Pegue as maçãs picadas, regue-as com o suco de limão, coloque-as na frigideira, juntamente com os cogumelos, e refogue-os por cerca de 5 minutos. Polvilhe com a farinha e cozinhe por mais 4 a 5 minutos, em fogo baixo. Acrescente o creme de leite e o conhaque, deixando aquecer bem, mas sem ferver. Despeje sobre os camarões e sirva logo em seguida.

- 1 ½ kg de camarões grandes
- 2 colheres (sopa) de manteiga
- 2 colheres (sopa) de azeite
- 1 cebola grande picadinha
- 3 maçãs descascadas e cortadas em cubos
- 1 colher (sopa) de suco de limão
- 150 g de cogumelos
- 3 colheres (sopa) de farinha de trigo
- 500 ml de creme de leite fresco
- ½ xícara (chá) de conhaque

35 minutos | médio | 8 porções | 462 cal | 328 mg cada porção

Sardinha ao sal grosso

Limpe as sardinhas e abra-as o suficiente para limpar as víceras, sem separar as duas partes. Misture o sal comum, o sal grosso e o vinagre. Coloque numa vasilha plástica, em camadas alternadas, as sardinhas e a mistura de sal. Tampe a vasilha e deixe por 30 dias mais ou menos.

Diariamente, tombe a vasilha para escorrer a água que as sardinhas irão soltando. Ao final desse período, as sardinhas estarão secas.

- 2 kg de sardinha
- 500 g de sal grosso
- 500 g de sal comum
- 4 colheres (sopa) de vinagre

30 minutos | fácil | 15 porções | 1.188 cal | 127 md cada porção

Camarão na moranga

- 1 moranga
- 1 colher (sopa) de azeite
- 3 dentes de alho
- 1 cebola grande
- 750 g de camarão médio limpo
- Sal e pimenta-do-reino a gosto
- 150 g de queijo cremoso
- 100 ml de leite de coco
- 3 colheres (sopa) de salsinha picada

Corte a tampa da moranga e leve-a ao microondas, em potência alta, até que o miolo esteja macio. Com uma colher, retire as sementes e uma parte da polpa.

Em uma panela, coloque o azeite, o alho, e a cebola; frite até murchar. Junte os camarões, tempere com sal e pimenta-do-reino a gosto, e cozinhe em fogo médio por cerca de 12 minutos. Acrescente a polpa da moranga, misture bem e deixe cozinhar por mais alguns minutos. Adicione o queijo, o leite de coco, a salsinha picada, e torne a misturar. Despeje o refogado na moranga e leve ao forno preaquecido a 180ºC para gratinar.

1 hora | médio | 5 porções | 318 cal | 683 mg cada porção

Bacalhau refogado

Aqueça a manteiga e o azeite, junte a cebola e o alho, e deixe dourar. Acrescente os tomates, misture bem e deixe cozinhar até que eles estejam desfeitos. Adicione o leite de coco, o creme de leite, misture bem e acrescente o bacalhau temperando com sal, pimenta-do-reino, noz-moscada e salsinha.

Torne a misturar e cozinhe em fogo brando. Reserve.

Derreta a manteiga, junte a farinha de trigo e deixe dourar. Acrescente o leite frio de uma só vez, mexendo rapidamente, até obter um creme liso e ralo. Desligue o fogo e junte as gemas, uma a uma, misturando delicadamente.

Espere esfriar. Acrescente o creme de leite fresco, o provolone, as claras em neve, e misture devagar. Tempere com sal, pimenta-do-reino e noz-moscada a gosto.

Em um refratário untado com manteiga, coloque o bacalhau, o requeijão, a batata palha, e leve ao fogo para gratinar por cerca de 25 minutos.

- 1 colher (sopa) de manteiga sem sal
- 1 colher (sopa) de azeite de oliva
- 1 cebola grande picadinha
- 3 dentes de alho amassados
- 5 tomates picados sem pele e sem sementes
- 1 vidro de leite de coco
- ½ xícara (chá) de creme de leite fresco
- 1 kg de bacalhau dessalgado e aferventado
- 2 colheres (sopa) de salsinha picada
- sal e pimenta-do-reino a gosto
- 1 colher (sobremesa) de farinha de trigo
- noz-moscada ralada

Cobertura
- 2 colheres (sopa) de manteiga sem sal
- 2 colheres (sopa) de farinha de trigo
- 1 litro de leite
- 3 ovos
- 1 xícara (chá) de creme de leite fresco
- 100 g de queijo provolone ralado grosso
- sal, pimenta-do-reino e noz-moscada ralada a gosto
- 2 xícaras (chá) de requeijão cremoso
- 200 g de batata palha

2 horas | médio | 8 porções | 597 cal | 536 mg cada porção

Creme de aspargos com camarão

- 1 ½ kg de camarão médio limpo
- Sal a gosto
- 1 colher (sopa) de suco de limão
- 1 ½ colher (sopa) de manteiga
- ½ xícara (chá) de vinho branco seco
- 300 ml de molho de tomate caseiro
- 1 colher (sopa) de farinha de trigo
- 2 colheres (sopa) de leite
- 2 colheres (sopa) de salsinha picada

Creme
- 2 colheres (sopa) de farinha de trigo
- 3 xícaras (chá) de leite
- 1 colher (sopa) de manteiga
- Sal a gosto
- 2 latas de aspargo cortado em pedaços pequenos
- 300 ml de creme de leite

- 100 g de queijo parmesão ralado

Tempere os camarões com sal e suco de limão. Aqueça a manteiga, refogue os camarões por 10 a 12 minutos, em fogo baixo. Junte o vinho, misture bem e acrescente o molho de tomate, a farinha de trigo dissolvida no leite e deixe cozinhar por alguns minutos.

Retire do fogo, junte a salsinha picada, misture bem e reserve.

Para fazer o creme, misture a farinha de trigo com o leite, junte a manteiga, uma pitada de sal, e leve ao fogo, mexendo sempre, até engrossar. Retire do fogo, acrescente os aspargos e o creme de leite. Misture bem.

Coloque num refratário a metade do creme, por cima o refogado de camarões, e cubra como o creme restante. Polvilhe com o queijo parmesão e leve ao forno preaquecido a 180°C para gratinar.

2 horas | médio | 8 porções | 270 cal | 699 mg cada porção

Carolinas recheadas com sardinha

Leve ao fogo, em uma panela média, a manteiga, a água, o sal, misture bem, espere levantar fervura e retire do fogo. Junte de uma só vez a farinha de trigo peneirada, mexendo vigorosamente até a massa ficar lisa. Leve novamente ao fogo, por mais 5 minutos, até que a massa desgrude do fundo da panela e forme uma mistura homogênea. Retire do fogo e espere amornar. Adicione os ovos, um a um, sem parar de bater (se preferir, pode bater na batedeira, utilizando os batedores para massa (isso torna o processo mais rápido) até obter um pirão consistente.

Unte com uma fina camada de manteiga uma assadeira retangular; usando um saco de confeitar com o bico aberto, vá pingando bolas de massa com mais ou menos 3 cm de diâmetro cada, mantendo uma distância de, mais ou menos, 5 cm uma da outra. Asse em forno preaquecido a 200°C por 10 minutos. Aumente a temperatura do forno e asse por mais 10 minutos ou até que as carolinas estejam douradas. Desligue o forno e deixe-as lá dentro até esfriarem. Depois de frias, retire-as e faça um corte na lateral de cada carolina e recheie com a mistura de sardinha.

Para preparar o recheio: em uma panela, derreta a manteiga e frite a cebola até murchar. Junte o amido de milho e mexa até dourar um pouco. Vá juntando o leite, aos poucos, até atingir uma consistência cremosa, sem parar de mexer. Tempere com sal, pimenta e uma pitada de noz-moscada. Retire do fogo e espere esfriar.

Amasse as sardinhas com um garfo, junte a salsinha e tempere com sal e pimenta-do-reino a gosto. Adicione o molho branco, misture bem e recheie as carolinas.

Massa
- 200 g de manteiga
- 300 ml de água
- 1 pitada de sal
- 200 g de farinha de trigo
- 6 ovos

Recheio
- molho branco
- 2 colheres (sopa) de manteiga
- 1 cebola média ralada
- 3 colheres (sopa) de amido de milho
- 500 ml de leite
- 1 pitada de sal
- 1 pitada de noz-moscada
- 2 latas de sardinhas sem espinhas ao molho de tomate
- 2 colheres (sopa) de salsa picada
- sal e pimenta-do-reino a gosto

2 horas | médio | 40 unidades | 54 cal | 43 mg por carolina

Sardinha em conserva

- 3 kg de sardinha
- sal e pimenta-do-reino
- 1 copo de óleo
- 1 copo de azeite de oliva
- 1 copo de vinagre
- ½ copo de pirão de tomate
- 1 copo de água
- 6 folhas de louro
- 3 cebolas grandes picadas
- 1 cabeça de alho amassada
- 1 maço de salsa picada
- 2 colheres (sopa) de molho inglês

Limpe as sardinhas, retire as escamas e corte a cabeça. Abra apenas o suficiente para tirar as vísceras. Lave bem sob água corrente, tempere com sal e pimenta-do-reino.

Arrume as sardinhas em camada, em uma panela de pressão. Vá alternando o sentido das sardinhas. Misture o óleo, o azeite de oliva, o vinagre, o pirão de tomate, a água, o louro, a cebola, o alho, a salsa e o molho inglês. Regue a sardinha com essa mistura, tampe a panela e leve ao fogo; quando começar a ferver, abaixe o fogo e cozinhe por 2 horas. Passado esse tempo, deixe descansar, sem abrir a panela, até o dia seguinte. Então, retire as sardinhas cuidadosamente e coloque num recipiente bem fechado. Conserve na geladeira.

2h30 | médio | 12 porções | 293 cal | 249 mg cada porção

Sardinha à escabeche

Misture o alho, o suco de limão, o sal e a pimenta-do-reino. Deixe as sardinhas nesse tempero por 1 hora. Escorra-as e reserve a vinha-d'alhos. Passe as sardinhas pela farinha de trigo e frite-as em óleo bem quente; doure primeiro de um lado, vire e doure do outro lado. Retire as sardinhas do fogo e ponha para escorrer em papel absorvente.

Para preparar o molho, aqueça o azeite e o óleo, junte a cebola e frite até murchar, sem deixar que fique torrada. Adicione os tomates, tempere com sal, e refogue-os até que se desmanchem. Acrescente o vinagre, o vinho banco, a pimenta vermelha e a vinha-d'alhos. Tampe a panela e cozinhe em fogo baixo por cerca de 20 a 25 minutos, adicionando água aos poucos, se necessário.

Retire o molho do fogo, junte a salsa, a cebolinha, misture bem e arrume, numa fôrma refratária, uma camada de sardinha, uma de molho, e assim sucessivamente, terminando com o molho. Leve à geladeira, onde as sardinhas poderão ficar por até 12 dias.

- 5 dentes de alho amassados
- 4 limões
- sal e pimenta-do-reino
- 1 kg de sardinhas limpas e abertas
- 2 xícaras (chá) de farinha de trigo

Molho
- ½ xícara (chá) de óleo
- ½ xícara (chá) de azeite de oliva
- 2 cebolas em rodelas
- 6 tomates maduros, sem pele e sem sementes
- 1 colher (sobremesa) de vinagre de vinho branco
- 1 copo de vinho branco
- ½ colher (chá) de pimenta vermelha
- ½ xícara (chá) de salsa picada
- ½ xícara (chá) de cebolinha verde picada
- sal a gosto

1 hora | médio | 12 porções | 214 cal | 216 mg cada porção

Rolê de frango com peru e queijo

- 800 g de filés de peito de frango (dois filés grandes)
- 2 dentes de alho amassados
- 2 colheres (sopa) de cebola ralada
- Sal e pimenta-do-reino
- suco de 1 limão
- 150 g de peito de peru defumado moído
- 150 g de queijo prato moído
- 1 colher (chá) de orégano
- 1 colher (sopa) de salsa picada
- 3 colheres (sopa) de farinha de trigo
- 3 colheres (sopa) de manteiga

Molho
- 2 colheres (sopa) de cebola picada
- 4 tomates maduros batidos no liquidificador
- 1 colher (sopa) de conhaque
- sal e pimenta-do-reino
- 1 colher (café) de açúcar
- 200 ml de creme de leite
- 1 colher (sobremesa) de salsinha picada

Bata os filés de frango entre duas folhas de plástico, primeiro de um lado, depois do outro. Tempere-os com o alho, a cebola, sal, pimenta-do-reino e o suco de limão. Deixe nesse tempero por 20 minutos.

Misture o peito de peru, o queijo prato, o orégano e a salsa. Recheie cada filé com uma porção dessa mistura. Enrole bem apertado e amarre com linha ou barbante. Passe os filés enrolados na farinha de trigo e frite-os na manteiga aquecida, virando-os para que dourem por igual. Retire do fogo e reserve.

Na manteiga em que fritou os filés enrolados, adicione a cebola, os tomates, o conhaque e misture bem, tempere com sal e pimenta-do-reino e cozinhe até apurar. Acrescente o açúcar e torne a misturar.

Retire do fogo, junte o creme de leite, misture e leve novamente ao fogo, para aquecer, sem deixar ferver. Retire do fogo, junte a salsinha picada, e misture bem. Despeje sobre os filés enrolados e sirva imediatamente.

1 hora | médio | 5 porções | 627 cal | 523 mg cada porção

Gratinado de frango

Aqueça o azeite, junte o frango e refogue. Acrescente a cebola, o alho-poró e o pimentão, tempere com o sal e a pimenta-do-reino. Adicione o caldo de galinha aos poucos e vá mexendo delicadamente até que as tirinhas de frango estejam macias. Polvilhe com a farinha de trigo e acrescente o leite, mexendo bem. Quando formar um creme consistente junte o creme de leite e aqueça bem, sem deixar ferver. Se necessário, adicione mais sal.

Coloque a mistura em um recipiente refratário, polvilhe o queijo ralado e leve para gratinar em forno preaquecido a 180°C por aproximadamente 15 minutos. Sirva a seguir.

- 3 colheres (sopa) de azeite
- 1 kg de peito de frango cortado em tirinhas
- 1 cebola média
- 2 alhos-porós cortados em rodelas finas
- ½ pimentão vermelho
- sal e pimenta-do-reino a gosto
- caldo de galinha (suficiente)
- 2 colheres (sopa) de farinha de trigo
- 2 xícaras (chá) de leite
- 400 ml de creme de leite fresco
- ½ xícara (chá) de queijo parmesão ralado

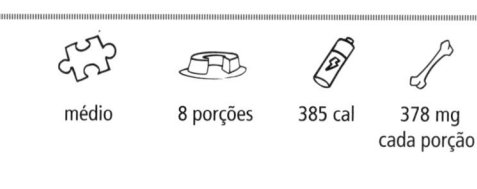

1 hora | médio | 8 porções | 385 cal | 378 mg cada porção

Crepes de peru com *cheddar*

- 2 xícaras (chá) de farinha de trigo
- ½ colher (chá) de sal
- 2 ovos
- 4 colheres (sopa) de óleo de milho
- 2 xícaras (chá) de leite
- ½ xícara (chá) de soda limonada (pode ser substituída por limonada caseira)

Recheio
- 500 g de peito de peru
- 3 colheres (sopa) de manteiga
- 3 colheres (sopa) de farinha de trigo
- 1 ½ xícara (chá) de caldo de galinha
- 1 ½ xícara (chá) de creme de leite fresco
- ¾ xícara (chá) de queijo parmesão ralado
- 1 ½ xícara (chá) de queijo *cheddar* ralado
- 1 cebola média ralada

Peneire a farinha de trigo e o sal. Bata os ovos por alguns segundos e misture o óleo, o leite e a soda limonada. Bata até obter uma massa lisa e fina. Deixe descansar por 20 minutos. Para fazer os crepes: coloque meia concha de massa, por vez, em uma frigideira pequena untada com óleo. Gire para espalhar bem a massa e, quando as beiradas começarem a soltar, vire para dourar do outro lado. Proceda assim até terminar toda a massa.

Para preparar o recheio: cozinhe o peito de peru em água e sal, espere esfriar e desfie.

Derreta 2 colheres (sopa) de manteiga, acrescente a farinha de trigo, misture bem e cozinhe por 3 a 4 minutos em fogo baixo. Adicione o caldo de galinha, misture e deixe ferver. Acrescente o creme de leite, mexa bem e cozinhe em fogo brando até engrossar. Junte o queijo parmesão, a metade do *cheddar*, e cozinhe por mais 2 a 3 minutos. Reserve.

Aqueça o restante da manteiga, junte a cebola e frite até murchar. Acrescente o peito de peru desfiado e refogue por alguns minutos. Adicione o molho reservado, misture bem e cozinhe por mais 2 a 3 minutos. Coloque em cada crepe uma porção do recheio de peru, enrole dando o formato desejado, rolinho ou envelope, e coloque os crepes um ao lado do outro em um refratário. Polvilhe com o restante do queijo *cheddar* e leve ao forno preaquecido a 200°C, por 10 minutos, para derreter o queijo.

2 horas | médio | 8 porções | 387 cal | 677 md cada porção

Enrolado de frango

Bata os filés com um batedor de carne, até ficarem finos. Tempere com sal e pimenta-do-reino e reserve.

Bata os ovos com uma pitada de sal, junte o queijo ralado e a salsa. Misture bem e frite em uma frigideira untada com óleo, dos dois lados, como uma omelete. Corte em 6 partes.

Abra o filé sobre uma tábua, recheie com uma parte da fritada, ponha no meio três aspargos, enrole formando um pequeno rocambole e amarre com um barbante ou prenda com um palito. Proceda da mesma maneira até terminarem todos os filés. Coloque-os em uma assadeira, um ao lado do outro e cubra com o molho de mostarda.

Para preparar o molho de mostarda, coloque todos os ingredientes em uma tigela e misture bem.

Asse os filés em forno preaquecido a 200°C por 30 minutos, ou até que estejam cozidos, regando-os algumas vezes com o caldo que se forma na assadeira. Quando estiverem cozidos, retire do forno, desamarre, coloque na travessa onde irá servir e despeje por cima o molho da assadeira.

- 6 filés de peito de frango
- sal e pimenta-do-reino
- 3 ovos
- 4 colheres (sopa) de queijo parmesão ralado
- 1 colher (sopa) de salsa picada
- 18 aspargos escaldados em água e sal

Molho de mostarda
- ½ xícara (chá) de molho de tomate caseiro
- ¼ colher (chá) de sal
- ¼ colher (chá) de manjericão
- ¼ colher (chá) de orégano
- ¼ colher (chá) de tomilho
- ¼ colher (chá) de molho de pimenta
- 3 colheres (sopa) de mostarda Dijon
- ½ xícara (chá) de leite
- pimenta-do-reino a gosto

1 hora | médio | 6 porções | 355 cal | 323 mg cada porção

Peito de frango com queijo

- 4 filés de peito de frango
- sal e pimenta-do-reino a gosto
- 100 g de queijo prato fatiado
- 1 prato de brócolos cozidos e picados
- 2 colheres (sopa) de manteiga
- 1 colher (sopa) de óleo de milho
- ½ cálice de vinho branco
- ½ litro de caldo de frango caseiro
- 100 g de funghi pré-cozido
- 3 colheres (sopa) de molho bechamel
- ½ litro de creme de leite fresco
- 2 colheres (sopa) de queijo parmesão ralado
- 2 galhos de sálvia
- 2 galhos de alecrim

Bata os filés de peito de frango, tempere com sal e pimenta, recheie com o queijo prato e os brócolos picados, enrole e amarre com barbante.

Em uma frigideira, coloque a manteiga, o óleo, e frite os rolinhos de frango, virando, de vez em quando, até dourar. Acrescente o vinho branco e o caldo de frango, deixe reduzir. Passe para um refratário e leve, em seguida, ao forno por 10 minutos, aproximadamente, para assar.

Em outra frigideira coloque o funghi, o molho bechamel, o creme de leite e o queijo ralado. Tempere com sal e pimenta e deixe apurar. Adicione os galhos de sálvia e alecrim.

Retire do forno, os rolinhos de frango, cubra com o molho e sirva.

1h30 | médio | 4 porções | 583 cal | 685 mg cada porção

Doces e sobremesas

Bolo de morango

- 4 ovos
- 4 colheres (sopa) de açúcar
- 4 colheres (sopa) de farinha de trigo
- 1 colher (café) de baunilha
- 1 colher (sopa) de fermento em pó

Creme
- 1 xícara (chá) de leite em pó
- 1 xícara (chá) de açúcar
- 2 xícaras (chá) de leite desnatado quente
- 2 colheres (sopa) de pó para pudim sabor baunilha

Cobertura de geléia
- 2 caixas de morango
- 2 xícaras (chá) de açúcar

Cobertura
- 300 g de creme chantili
- 10 morangos
- folhas de hortelã

Separe as gemas e reserve. Bata as claras em neve por 2 a 3 minutos, junte o açúcar e bata por mais 1 minuto. Acrescente as gemas, sem parar de bater. Bata por mais 1 minuto, retire da batedeira, adicione a farinha de trigo aos poucos, mexendo a cada adição. Quando estiver tudo bem misturado, junte a baunilha e o fermento.

Unte com manteiga um refratário retangular, despeje a mistura e leve para assar em forno preaquecido a 180ºC, por 10 a 12 minutos. Quando estiver assado, retire do forno.

Para preparar o creme: bata todos os ingredientes no liquidificador por 2 minutos, despeje em uma panela e leve ao fogo, mexendo sem parar até começar a ferver. Retire do fogo, espere esfriar um pouco, coloque na batedeira e bata por 3 a 4 minutos. Leve à geladeira.

Para preparar a geléia: lave os morangos, coloque-os em uma panela com o açúcar, misture bem e cozinhe em fogo brando, mexendo algumas vezes, até obter o ponto de geléia.

Espalhe sobre o bolo uma camada de geléia e por cima uma camada do creme de baunilha. Leve à geladeira de um dia para o outro. Um pouco antes de servir, espalhe o creme chantili e decore com os morangos e as folhas de hortelã.

2 horas | médio | 10 porções | 374 cal | 163 mg cada porção

Cheesecake cremoso

Para preparar a massa coloque os ingredientes numa tigela grande e amasse até obter uma farofa bem úmida. Forre o fundo e os lados de uma fôrma redonda de fundo falso e leve ao forno preaquecido a 180ºC por aproximadamente 12 minutos. Retire do forno e espere esfriar.

Para preparar o recheio: bata as gemas com o açúcar de confeiteiro por 12 minutos e junte os demais ingredientes, pela ordem. Misture tudo muito bem até obter um creme homogêneo.

Recheie a massa com o creme, cubra com o chantili, decore com os morangos e leve à geladeira por 3 a 4 horas.

Massa
- 1 pacote de biscoito amido de milho triturado
- 100 g de manteiga sem sal
- 1 colher (sopa) de açúcar de confeiteiro peneirado
- raspas de meio limão

Recheio
- 4 gemas peneiradas
- 1 ½ xícara (chá) de Glaçúcar peneirado
- 250 g de ricota passada pela peneira
- 200 g de queijo mascarpone
- 2 colheres (sopa) de licor de café
- 1 colher (sobremesa) de raspa de limão
- 1 lata de creme de leite gelado sem soro
- 1 colher (chá) de essência de baunilha

Cobertura
- 250 g de creme chantili
- 10 morangos

2 horas | médio | 8 porções | 634 cal | 121 mg cada porção

Bolo de fubá recheado com requeijão

- 4 ovos
- 1 colher (sopa) de manteiga
- 1 xícara (chá) de açúcar
- 1 pitada de sal
- 1 xícara (chá) de farinha de trigo
- 2 xícaras (chá) de fubá
- 1 xícara (chá) de amido de milho
- 1 xícara (chá) de leite desnatado
- 1 colher (sopa) rasa de fermento em pó

Recheio e cobertura
- 2 gemas
- 1 xícara (chá) de açúcar
- 1 colher (sopa) de manteiga
- 2 copos de requeijão
- 1 colher (sopa) de gelatina em pó sem sabor
- ½ xícara (chá) de água para derreter a gelatina
- ½ vidro de leite de coco
- 1 coco fresco ralado

Separe as claras, bata-as em ponto de neve firme e reserve. Bata as gemas com a manteiga, o açúcar e o sal até obter um creme esbranquiçado. Peneire a farinha, o fubá e o amido de milho juntos e acrescente ao creme. Adicione o leite, sem parar de bater, até que a massa esteja uniforme. Junte as claras em neve e, por último, o fermento, mexendo devagar. Despeje em uma fôrma untada com manteiga e asse em forno preaquecido a 180ºC durante 20 a 25 minutos, ou até que esteja dourado.

Coloque na batedeira as gemas, o açúcar, a manteiga, e bata até obter um creme esbranquiçado. Adicione o requeijão, em temperatura ambiente a gelatina desmanchada na água, o leite de coco, e bata até obter um creme. Leve à geladeira por 20 minutos.

Corte o bolo em duas partes, recheie com o creme, cubra com a outra parte, e espalhe por cima e nos lados o restante do creme. Polvilhe o coco ralado.

2 horas | médio | 12 porções | 487 cal | 126 mg cada porção

Pudim sensação

Coloque no liquidificador o leite condensado, o leite desnatado e os ovos. Bata por 8 a 10 minutos, para que não fique com cheiro de ovo.

Coloque o açúcar em uma fôrma para pudim e leve ao fogo para derreter e caramelizar. Despeje o creme reservado na fôrma caramelizada e leve ao forno em banho-maria por cerca de 1 hora e 30 minutos, ou até que esteja assado. Espere esfriar, desenforme e sirva acompanhado com frutas frescas e o chantili.

- 1 lata de leite condensado
- 2 latas de leite desnatado (use a lata de leite condensado)
- 5 ovos
- 1 1/2 xícara (chá) de açúcar

Para decorar
- Frutas frescas
- 500 ml de chantili

2h30 | fácil | 8 porções | 347 cal | 269 mg cada porção

Bolo rápido de coco

Bata tudo no liquidificador e despeje em uma forma de anel untada e polvilhada com farinha de trigo. Asse em forno preaquecido a 180°C até que doure bem.

- 1 lata de leite condensado
- 200 g de coco ralado
- 4 ovos
- 1 colher (sopa) de manteiga
- 1 colher (sopa) de fermento em pó

1h30 | fácil | 8 porções | 288 cal | 183 mg cada porção

Bolo de iogurte

- 200 ml de coalhada caseira
- ½ copo de óleo
- 2 copos de açúcar
- 2 copos de farinha de trigo
- 4 ovos
- 1 colher (sopa) de fermento em pó

Coloque todos os ingredientes no liquidificador e bata por alguns instantes. Unte e enfarinhe uma fôrma redonda, de buraco no meio, e despeje a mistura. Leve ao forno preaquecido a 180°C, por cerca de 40 minutos, ou até que esteja assado.

1 hora | fácil | 8 porções | 389 cal | 98 mg cada porção

Musse de manga

Coloque a gelatina na água e leve ao microondas por 1 minuto para dissolver. Reserve.

Coloque no liquidificador o leite condensado, o creme de leite, a manga sem casca, picada, e o suco de laranja. Bata por 2 a 3 minutos ou até que esteja liquidificado. Junte a gelatina reservada e bata por mais 1 ou 2 minutos. Adicione as claras batidas em neve e misture delicadamente. Molhe com água uma fôrma decorada ou de buraco, despeje a mistura do liquidificador e leve à geladeira de um dia para o outro.

Na hora de servir, desenforme e regue com a calda.

Para preparar a calda: misture a água, o açúcar e os cravos-da-índia, leve ao fogo; quando ferver, junte a manga cortada em cubinhos. Misture bem e cozinhe em fogo baixo por mais ou menos 5 minutos, ou até que a manga esteja macia, mas não muito mole. Retire do fogo, espere esfriar e utilize.

- 2 pacotes de gelatina em pó sem sabor
- 6 colheres (sopa) de água
- 1 lata de leite condensado
- 1 lata de creme de leite
- 1 manga Haden grande
- 1 copo de suco de laranja
- 3 claras batidas em neve

Calda
- 1 copo de água
- ½ copo de açúcar
- 2 cravos-da-índia
- 1 manga

25 minutos | fácil | 8 porções | 318 cal | 146 mg cada porção

Pão de abóbora

- 2 tabletes de fermento para pão
- 1 xícara (chá) de água morna
- ½ xícara (chá) de açúcar
- 8 xícaras (chá) de farinha de trigo
- 2 xícaras (chá) de fubá
- 1 ½ xícara (chá) de leite
- 4 colheres (sopa) de óleo
- 2 e ½ xícaras (chá) de abóbora cozida e espremida
- 1 colher (sopa) de sal

Dissolva o fermento na água morna. Coloque o restante dos ingredientes, pela ordem, em uma vasilha grande, junte o fermento dissolvido, misture bem e sove até desgrudar das mãos. Cubra com um pano e deixe crescer até dobrar de volume.

Torne a sovar a massa, divida-a em 4 partes, enrole cada uma no formato de uma bengala, coloque-as em uma assadeira untada e deixe crescer novamente. Leve para assar em forno preaquecido a 180ºC, por mais ou menos 50 minutos, ou até que esteja dourado.

3 horas | fácil | 4 pães | 629 cal | 306 mg cada porção

Cheesecake de framboesa

Coloque todos os ingredientes no liquidificador e bata por 5 a 7 minutos, ou até que os ingredientes estejam bem misturados. Unte com manteiga uma fôrma redonda de 25 cm de diâmetro, despeje a mistura do liquidificador, cubra com papel alumínio e asse em banho-maria, em forno preaquecido a 175ºC, por uma 1 e 30 minutos. Espere esfriar, desenforme, cubra com a calda de framboesa e decore com as framboesas inteiras. Leve à geladeira até a hora de servir.

Para preparar a calda: passe as framboesas pelo processador ou bata no liquidificador, peneire e leve ao fogo, juntamente com o açúcar e o vinho. Misture bem e cozinhe em fogo brando por 10 a 15 minutos, ou até formar uma calda meio grossa.

Massa
- 500 g de ricota
- 1 lata de creme de leite
- 1 lata de leite condensado
- 2 colheres (sopa) de farinha de trigo
- 5 ovos

Calda de framboesa
- 500 g de framboesa
- 1 ½ xícara (chá) de açúcar
- ½ xícara (chá) de vinho tinto seco

Para decorar
- 1 xícara (chá) de framboesas frescas

2 horas | fácil | 10 porções | 530 cal | 206 mg cada porção

Charlote de figo

Creme
- 1 litro de leite
- 1 lata de leite condensado
- 3 gemas
- 1 colher (sopa) bem cheia de amido de milho

Recheio
- 250 ml de suco de laranja caseiro
- ½ xícara (chá) de rum
- 1 caixa de bolacha champanhe
- 50 g de coco ralado
- 10 figos frescos

Cobertura
- 3 claras
- 6 colheres (sopa) de açúcar
- 1 lata de creme de leite sem o soro

Para decorar
- 1 xícara (chá) de coco ralado ou cortado em fitas

Coloque no liquidificador o leite comum, o leite condensado, as gemas e o amido de milho. Bata por alguns segundos, despeje numa panela e leve ao fogo, mexendo até engrossar. Retire do fogo, despeje uma parte em uma tigela ou em uma travessa grande, própria para sobremesa, e reserve.

Para preparar o recheio, misture o suco de laranja com o rum, umedeça as bolachas, uma a uma, e coloque sobre o creme, formando uma camada. Polvilhe com um pouco do coco ralado e, a seguir, coloque os figos frescos cortados ao meio. Repita as camadas terminando com uma camada de figo.

Para fazer a cobertura, bata as claras em neve com o açúcar até o ponto de suspiro e reserve. Bata o creme de leite por alguns segundos em ponto de chantili mole e junte aos poucos as claras reservadas. Despeje sobre a última camada de figo e decore com o coco ralado ou cortado em fitas. Leve à geladeira por 4 horas antes de servir.

1 hora | fácil | 8 porções | 611 cal | 371 mg cada porção

Arroz-doce com creme de laranja

Lave e escorra o arroz. Em uma panela, coloque o arroz, o leite, o açúcar e a raspa de laranja. Misture bem, espere ferver e abaixe o fogo, cozinhando até o arroz amolecer. Retire do fogo, coloque as gemas, o leite condensado, e leve novamente ao fogo por mais 3 minutos. Coloque em um refratário, espere esfriar e polvilhe com canela.

Para preparar o creme: misture todos os ingredientes e leve ao fogo, mexendo até engrossar. Retire do fogo e coloque em uma molheira. Sirva acompanhando o arroz doce.

- 1 xícara (chá) de arroz branco
- 1 litro de leite
- 1 xícara (chá) de açúcar
- 1 colher (sobremesa) de raspas de laranja
- 2 gemas passadas pela peneira
- ½ lata de leite condensado
- 1 colher (sobremesa) de canela em pó

Creme
- ½ litro de leite
- 2 copos de suco de laranja caseiro
- 2 xícaras (chá) de açúcar
- 2 gemas

1h30 | fácil | 6 porções | 588 cal | 487 mg cada porção

Coalhada caseira

Ferva o leite em uma panela e espere amornar. Despeje dentro um copo de iogurte natural, misturando bem. Tampe a panela e deixe em repouso. Se o tempo estiver frio, envolva a panela em um cobertor. Faça essa operação a noite, e, na manhã seguinte, a coalhada estará pronta.

- 1 litro de leite desnatado
- 1 pote de iogurte natural

10 minutos | fácil | 1 litro | 457 cal | 240 mg cada porção